中国先进制造业创新追赶机理、实现路径与政策效果研究

杨仲基 著

中国财经出版传媒集团
中国财政经济出版社

图书在版编目（CIP）数据

中国先进制造业创新追赶机理、实现路径与政策效果研究／杨仲基著． --北京：中国财政经济出版社，2023.3

ISBN 978-7-5223-1996-4

Ⅰ.①中… Ⅱ.①杨… Ⅲ.①制造工业-质量管理-研究-中国　Ⅳ.①F426.4

中国国家版本馆 CIP 数据核字（2023）第 030459 号

责任编辑：田明晖　　　　　责任校对：徐艳丽
封面设计：孙俪铭　　　　　责任印制：史大鹏

中国先进制造业创新追赶机理、实现路径与政策效果研究
ZHONGGUO XIANJIN ZHIZAOYE CHUANGXIN ZHUIGAN JILI、
SHIXIAN LUJING YU ZHENGCE XIAOGUO YANJIU

中国财政经济出版社 出版

URL：http://www.cfeph.cn
E-mail：tianmh@cfemg.cn

（版权所有　翻印必究）

社址：北京市海淀区阜成路甲 28 号　邮政编码：100142
营销中心电话：010-88191522　编辑部门电话：010-88190670
天猫网店：中国财政经济出版社旗舰店
　网址：https://zgczjjcbs.tmall.com
北京财经印刷厂印刷　各地新华书店经销
成品尺寸：170mm×240mm　16 开　13.00 印张　221 000 字
2023 年 3 月第 1 版　2023 年 3 月北京第 1 次印刷
定价：56.00 元
ISBN 978-7-5223-1996-4
（图书出现印装问题，本社负责调换，电话：010-88190548）
本社质量投诉电话：010-88190744
打击盗版举报热线：010-88191661　QQ：2242791300

前 言

习近平总书记指出:"实体经济是一国经济的立身之本、财富之源。先进制造业是实体经济的一个关键,经济发展任何时候都不能脱实向虚。"党的二十大报告进一步明确提出:"坚持把发展经济的着力点放在实体经济上,推进新型工业化,加快建设制造强国、质量强国、航天强国、交通强国、网络强国、数字中国。"这为坚定不移推动先进制造业高质量发展提供了根本遵循。追赶是后发国家和地区长期关注的话题,我国一直是工业国家中的后进者和追赶者。改革开放以来,通过技术引进、消化吸收和自主创新,我国制造业发展水平和综合实力显著提升,在高铁、盾构机、新能源汽车、航空航天等先进制造领域取得突出成绩。但当前国内外环境发生了重大变化,一是以美国为首的西方国家对中国高技术领域的技术封锁呈现全方位、常态化和无差异化,尤其是2018年以来,美国政府利用自身技术优势,通过发动贸易战,对我国高技术获取、联合研发、人才交流等进行遏制,中国先进制造业通过技术引进获得前沿先进技术的难度越来越大;二是面对百年未有之大变局,我国提出构建以国内大循环为主体、国内国际双循环相互促进的新发展格局,旨在从根本上扭转制造业"两头在外"的困境。

不可否认,我国先进制造领域依然处于从要素驱动向创新驱动发展的关键时期,技术进步对产业创新发展的驱动效应尚不突出,部分关键技术领域的"卡脖子"问题尚未根本解决,同时全球新冠疫情大流行、供应链和产业链断链风险加大、国际对抗加剧使得中国先进制造业面临高度不确定的内外部发展环境。从历史经验来看,长期实施的引进消化吸收战略使中国一些先进制造产业能够用相对较短的时间实现技术追赶,但面对全球技术变革与我国高质量发展的新要求,以追赶为主要目标的发展理念、战略思维和政策安排亟待进一步改变，尤其以技术引进为主的后发追赶路径正在被以创新生态系统培育为主的追赶策略所取代。围绕新形势下中国先进制造业如何实现创新驱动追赶的关键问题，本书结合技术追赶、复杂产品系统、创新生态系统等理论成果，遵循"机理研究、路径研究、政策研究"的基本思路，综合运用多种定性和定量研究方法，将追赶规律认识、实现路径与推进方法以及政策手段优化作为核心研究内容，旨在为新兴经济体先进制造业赶超提供理论方法借鉴与实践启示。

本书包括 8 章内容。第 1 章系统回顾了技术追赶、复杂产品系统、创新生态系统的理论研究进展，梳理了主要研究成果和研究缺口。第 2 章借鉴生态学理论中的态势分析对中国先进制造业创新追赶"态"值和"势"值进行评价，分析现实困境，从技术、市场和制度三个维度分析中国先进制造业创新追赶存在的机会窗口。接着从产业技术链视角切入，分析产业创新追赶关键要素，并识别中国先进制造业创新追赶动因，刻画追赶周期模型；借鉴物理学中的量子跃迁模型，构建产业创新追赶模型，通过仿真建模，揭示中国先进制造业创新追赶规律。第 3 章基于中国先进制造业创新追赶机理，按照产业技术链逻辑，设计四条中国先进制造业创新追赶实现路径，选择工业机器人、大飞机产业、半导体产业和新能源汽车产业进行实例分析。第 4 章提出中国先进制造业创新追赶实现路径选择思路与流程，设计技术属性识别和技术差距测算方法，研究创新追赶实现路径转换影响因素和方式。第 5 章提出中国先进制造业创新追赶实现路径控制模型，并分别从实现路径关键点控制、风险控制和效果反馈三方面设计具体控制方法。第 6 章选择重点区域和典型先进制造领域进行中国先进制造业创新追赶政策效果研究，通过比较分析提出不同情形下的创新追赶政策优化策略。第 7 章和第 8 章分别以中国动力电池产业和高铁产业为对象，通过实证检验和单案例研究，进一步深化并补充了中国先进制造业创新追赶机理与实现路径研究成果。

本书立足新时代背景下，中国先进制造业从技术驱动追赶向创新驱动追赶的现实需要，解决了中国先进制造业创新追赶机理、实现路径与政策效果评价等关键科学问题，有助于建立和完善后发地区先进制造业创新追赶的理论方法；同时注重研究成果的实际应用，创建的实现路径及其管理方法，可为政府部门进行先进制造业技术管理提供决策参考。

本书的基金资助项目包括：国家自然科学基金项目（72174046）"新兴产业创新生态系统综合优势形成机理、实现路径与政策研究：数字化创新视角"、中国博士后科学基金资助项目（2021M693816）"东北老工业基地先进制造业技术追赶路径与政策优化"、黑龙江省哲学社会科学基金项目（20JYC154）"中美贸易摩擦下黑龙江省先进制造业技术追赶路径研究"、黑龙江省博士后基金项目（LBH-Z21020）"数字创新视角下黑龙江省高端装备制造业技术跨越实现路径与保障策略研究"、黑龙江省留学回国人员择优资助。本书撰写过程中参考了大量学者的研究成果，并得到高新技术发展与战略管理研究团队成员的大力支持，在此一并表示感谢。限于作者学识和能力限制，书中不妥之处，恳请读者批评指正。

作者

2022年10月于哈尔滨

目　　录

第1章　绪论 ……………………………………………………（ 1 ）
　1.1　研究背景与意义 ………………………………………（ 1 ）
　　1.1.1　研究背景 …………………………………………（ 1 ）
　　1.1.2　研究意义 …………………………………………（ 3 ）
　1.2　国内外研究现状及评述 ………………………………（ 4 ）
　　1.2.1　先进制造业研究现状 ……………………………（ 4 ）
　　1.2.2　技术追赶研究现状 ………………………………（ 7 ）
　　1.2.3　创新生态系统研究现状 …………………………（ 10 ）
　　1.2.4　研究现状评述 ……………………………………（ 15 ）
　1.3　研究内容与技术路线 …………………………………（ 16 ）
　　1.3.1　研究内容 …………………………………………（ 16 ）
　　1.3.2　研究方法 …………………………………………（ 18 ）
　　1.3.3　技术路线 …………………………………………（ 19 ）

第2章　中国先进制造业创新追赶机理研究 ………………（ 20 ）
　2.1　中国先进制造业创新追赶态势评价及现实困境 ……（ 20 ）
　　2.1.1　中国先进制造业创新追赶态势界定 ……………（ 20 ）
　　2.1.2　中国先进制造业创新追赶态势评价 ……………（ 21 ）
　　2.1.3　中国先进制造业创新追赶的现实困境 …………（ 31 ）
　2.2　中国先进制造业创新追赶面临的机会窗口 …………（ 32 ）
　　2.2.1　技术机会窗口 ……………………………………（ 32 ）
　　2.2.2　市场机会窗口 ……………………………………（ 34 ）
　　2.2.3　制度机会窗口 ……………………………………（ 34 ）
　2.3　中国先进制造业创新追赶关键要素识别 ……………（ 35 ）

2.3.1　技术创新链维度 …………………………………（36）
　　2.3.2　价值创造链维度 …………………………………（37）
　　2.3.3　创新追赶关键要素关系 …………………………（38）
2.4　中国先进制造业创新追赶动因与追赶周期 ………………（41）
　　2.4.1　中国先进制造业创新追赶动因 …………………（41）
　　2.4.2　中国先进制造业创新追赶周期 …………………（44）
2.5　中国先进制造业创新追赶规律 ……………………………（48）
　　2.5.1　创新追赶与量子跃迁的相似性 …………………（49）
　　2.5.2　产业创新追赶模型构建 …………………………（52）

第3章　中国先进制造业创新追赶实现路径设计 ……………（63）
3.1　中国先进制造业创新追赶实现路径设计原则与思路 ……（63）
　　3.1.1　实现路径设计原则 ………………………………（63）
　　3.1.2　实现路径设计思路 ………………………………（64）
3.2　架构技术主导的突破式追赶路径 …………………………（66）
　　3.2.1　内涵与特征 ………………………………………（66）
　　3.2.2　架构技术主导的突破式追赶路径关键点 ………（67）
　　3.2.3　架构技术主导的突破式追赶路径形成过程 ……（69）
　　3.2.4　架构技术主导的突破式追赶路径案例分析 ……（69）
3.3　元件技术主导的混合式追赶路径 …………………………（71）
　　3.3.1　内涵与特征 ………………………………………（71）
　　3.3.2　元件技术主导的混合式追赶路径关键点 ………（72）
　　3.3.3　元件技术主导的混合式追赶路径形成过程 ……（73）
　　3.3.4　元件技术主导的混合式追赶路径案例分析 ……（74）
3.4　基础技术主导的渐进式追赶路径 …………………………（75）
　　3.4.1　内涵与特征 ………………………………………（75）
　　3.4.2　基础技术主导的渐进式追赶路径关键点 ………（76）
　　3.4.3　基础技术主导的渐进式追赶路径形成过程 ……（78）
　　3.4.4　基础技术主导的渐进式追赶路径案例分析 ……（79）
3.5　互补技术主导的跟随式追赶路径 …………………………（80）
　　3.5.1　内涵与特征 ………………………………………（80）

3.5.2 互补技术主导的跟随式追赶路径关键点 ……………（81）
3.5.3 互补技术主导的跟随式追赶路径形成过程 …………（82）
3.5.4 互补技术主导的跟随式追赶路径案例分析 …………（83）

第4章 中国先进制造业创新追赶实现路径选择与转换 ………（85）
4.1 中国先进制造业创新追赶实现路径选择思路与流程 ……（85）
4.1.1 实现路径选择思路 ……………………………………（85）
4.1.2 实现路径选择流程 ……………………………………（86）
4.2 中国先进制造业创新追赶实现路径选择过程 ……………（87）
4.2.1 技术属性识别 …………………………………………（87）
4.2.2 技术差距测算 …………………………………………（90）
4.2.3 路径选择策略 …………………………………………（91）
4.3 中国先进制造业创新追赶实现路径转换 …………………（93）
4.3.1 路径转换影响因素 ……………………………………（93）
4.3.2 路径转换方式 …………………………………………（95）
4.3.3 路径转换策略 …………………………………………（95）

第5章 中国先进制造业创新追赶实现路径控制 ………………（97）
5.1 中国先进制造业创新追赶实现路径控制原则与思路 ……（97）
5.1.1 实现路径控制原则 ……………………………………（97）
5.1.2 实现路径控制思路 ……………………………………（98）
5.1.3 实现路径控制模型 ……………………………………（99）
5.2 中国先进制造业创新追赶实现路径关键点控制 …………（99）
5.2.1 技术创新方向控制 ……………………………………（100）
5.2.2 价值创造主体控制 ……………………………………（101）
5.3 中国先进制造业创新追赶实现路径风险控制 ……………（103）
5.3.1 风险因素识别 …………………………………………（103）
5.3.2 风险预警评价 …………………………………………（104）
5.3.3 风险预警应对 …………………………………………（109）
5.4 中国先进制造业创新追赶实现路径效果反馈 ……………（112）
5.4.1 实现路径效果评价 ……………………………………（112）

5.4.2 实现路径效果改进 ……………………………………… (117)

第6章 中国先进制造业创新追赶政策效果研究 ……………… (119)
6.1 中国先进制造业创新追赶政策文本收集 ………………… (120)
6.2 中国先进制造业创新追赶政策文本分析 ………………… (121)
    6.2.1 政策工具类型划分 ………………………………… (121)
    6.2.2 典型产业的政策工具分析 ………………………… (122)
6.3 中国先进制造业创新追赶政策工具组态效应评价 ……… (127)
    6.3.1 方法与数据 ………………………………………… (127)
    6.3.2 高端装备制造产业政策工具组态分析 …………… (128)
    6.3.3 生物医药产业政策工具组态分析 ………………… (131)
6.4 创新追赶政策优化策略 …………………………………… (134)
    6.4.1 创新追赶引领区的优化策略 ……………………… (135)
    6.4.2 创新追赶潜力区的优化策略 ……………………… (136)
    6.4.3 创新追赶起步区的优化策略 ……………………… (137)

第7章 中国动力电池产业创新追赶研究 ……………………… (139)
7.1 中美贸易摩擦对中国动力电池产业创新追赶的影响 …… (140)
    7.1.1 技术创新维度 ……………………………………… (140)
    7.1.2 市场需求维度 ……………………………………… (141)
7.2 中国动力电池产业发展概况与追赶现状 ………………… (141)
    7.2.1 中国动力电池产业发展概况 ……………………… (141)
    7.2.2 中国动力电池产业追赶现状分析 ………………… (145)
7.3 中国动力电池产业创新追赶路径选择 …………………… (146)
    7.3.1 中国动力电池产业技术属性识别 ………………… (146)
    7.3.2 中国动力电池产业技术差距测算 ………………… (149)
    7.3.3 中国动力电池产业创新追赶路径确定 …………… (149)
7.4 中国动力电池产业创新追赶路径实施与控制 …………… (150)
    7.4.1 创新追赶路径实施策略 …………………………… (150)
    7.4.2 创新追赶实现路径关键点控制 …………………… (152)
    7.4.3 创新追赶实现路径风险控制策略 ………………… (153)

第8章 中国高铁产业创新追赶研究 (155)
8.1 中国高铁产业创新追赶背景 (155)
8.2 中国高铁产业创新追赶研究设计 (156)
8.2.1 案例选择 (156)
8.2.2 数据收集 (157)
8.2.3 数据分析 (157)
8.2.4 研究框架 (159)
8.3 中国高铁产业创新追赶过程 (160)
8.3.1 进入阶段（2004年之前） (160)
8.3.2 跟随阶段（2004—2007年） (162)
8.3.3 加速阶段（2008—2015年） (163)
8.3.4 开拓阶段（2016年至今） (164)
8.4 中国高铁产业创新追赶机理 (165)
8.4.1 追赶中的技术创新子系统 (165)
8.4.2 追赶中的价值创造子系统 (166)
8.4.3 追赶中的创新生态环境 (167)
8.4.4 创新追赶动力 (168)
8.4.5 创新追赶过程模型 (170)
8.5 中国高铁产业创新追赶研究发现与启示 (172)
8.5.1 研究发现 (172)
8.5.2 研究启示 (173)

参考文献 (175)

附录 (186)

第 1 章

绪　　论

1.1　研究背景与意义

1.1.1　研究背景

制造业是立国之本,是国民经济的支柱产业,更是工业化和现代化的主导力量,先进制造业是作为制造业转型升级的重要途径,将成为我国参与国际竞争的先导力量。作为衡量一个国家或地区综合经济实力和国际竞争力的重要标志,先进制造业的发展受到全球各个经济体的高度重视。2013 年,德国率先推出工业 4.0 计划,其目的是为了提高德国工业的竞争力,在新一轮工业革命中抢占先机。随后英国制定了《英国工业 2050 战略》,旨在重振制造业。美国于 2022 年 10 月发布了 2022 版《先进制造业国家战略》,与 2018 年版相比,新版报告突出强调了为美国制造业注入新活力的重要性以及构建制造业供应链弹性的紧迫性,该报告指出美国仍是先进技术的领导者,但在一些高科技制造领域的生产能力以及就业吸纳能力急剧下降,提出了七大愿景、三大支柱、十一项具体目标,以确保美国先进制造业的全球领导地位。2015 年我国发布《中国制造 2025》战略,提出大力发展的十大重点领域,包括新一代信息技术产业、高档数控机床和机器人、航空航天装备等先进制造产业,并制定了我国制造强国建设的三步走战略：第一步，立足国情，立足现实，力争用十年时间迈入制造强国行列；第二步，到 2035 年，我国制造业整体达到世界制造强国阵营中等水平；第三步，新中国成立一百年时，制造业大国地位更加巩固，综合实力进入世界制造强国前列。

应该看到，经过一段时间的发展，我国制造业已经取得了辉煌的成就。根据联合国工业体系分类，我国已经形成了涵盖全部 39 个大类，191 个中类，525 个小类的工业门类，是世界上工业门类最为齐全的国家。从发展速度来看，2010—2021 年底，我国制造业增速连续 12 年世界第一；从发展规模来看，2012 年，我国制造业增加值为 16.98 万亿元，2021 年为 31.4 万亿元。尽管新冠疫情肆虐全球，但我国制造业依然保持了良好的韧性。面对中国制造的快速崛起与迅猛发展，美国政府从 2017 年 8 月发起"301 调查"，同年 11 月底在 WTO 否定了中国的市场经济地位，并在 2018 年 2 月将中国定义为"战略竞争对手"，随着中国政府不断反击，美国政府逐步扩大关税加征的覆盖领域，不断提高加征税额，同时结合更加多样化的手段从宏观经济和政治层面、产业层面、企业层面、产品层面和技术层面对我国《中国制造 2025》《战略性新兴产业发展规划》中的重点产业和企业进行全面制裁，意图破坏我国产业战略，切断关键产业中间产品供应链，阻碍中国先进制造业崛起和高科技企业发展。直到 2020 年 1 月 15 日，中美两国签订《中美第一阶段经贸协议》后，中美贸易摩擦进入冷静期，经贸冲突和制度冲突问题得到缓解，但全球价值链冲突仍然存在，并且科技冲突从贸易摩擦中凸显，贸易战逐渐演化为科技战。美方通过拉拢盟友，在高端芯片、关键设备和零部件等多个领域对中国先进制造业进行封锁，避免中国在高端制造业领域和关键核心技术方面对美国造成实质性威胁。

纵观中国先进制造业发展历程，自改革开放以来，引进消化吸收战略对中国先进制造产业技术的能力提升起到关键作用，尤其在高铁和核电领域表现尤为突出。以中国核电产业为例，从 20 世纪 80 年代开始，中国核电经历了三轮技术引进，第一轮确定了"引进+国产化"的路线，到 20 世纪 90 年代，又经历了纯粹购买电容的第二轮引进，相继购买了加拿大的重水堆、俄罗斯的压水堆和法国核电站设备，直至 2003 年，开始第三轮技术引进，提出"采用先进技术、统一技术路线"的原则直接引进国外最先进的第三代核电站技术。最终在经历两年多的招标谈判之后，美国西屋公司 AP1000 被选中，并于 2009 年应用于浙江三门和山东海阳两地的核电站，由于这个被认为是世界最先进的第三代核电技术并没有真正建造过，因此在项目实际推进中出现了许多问题，导致这两个核电项目不断延期，并且建造成本大幅增加。这种情况下，中核集团和中广核集团分别在自己的技术基础上推出了各自的第三代核电技术，并在政府的要求下于 2014 年融合成为"华龙一号"。在中国政府"走出去"战略和"一带一路"倡议的影响下，AP1000 和"华龙一号"的地位发生逆转，到 2019 年，"以 AP1000 统一中国核电技术路线"的方针彻底破产，而自主开发的"华龙一号"正在成为中国核电发展的主导技术。与中国核电类似，中国高铁在 2004—2005 年经历了系统性的技术引进，原铁道部从加拿大庞巴迪公司购买了"Regina C2008"列车，从日本川崎公司订购了新干线"E2-1000"列车，从德国西门子购买了"Velaro E"列车，从法国阿尔斯通引进"Pendolino 600/610"列车。原铁道部在引进整车之外，还把配套牵引系统、制动系统及部件的生产转让给国内的相关单位。通过国外技术引进，中国能够把给定的产品制造出来，但如何设计和开发产品却不清楚。在这种情况下，如果引进技术是中国高铁的唯一来源，那么高铁后来应该长期依赖国外技术引进，但实际上，中国高铁技术却在后来迅猛发展，最终形成了具备自主知识产权的复兴号列车。

可见，中国核电产业和高铁产业都是中国先进制造领域成功实现赶超的典范，面对当前百年未有之大变局，在中美贸易摩擦、中美科技竞争日益加剧的现实背景下，再想通过技术引进、消化、吸收实现先进制造业创新追赶可谓难上加难，依赖创新驱动追赶更加迫切，深入研究先进制造业创新追赶规律，科学设计追赶实现路径并制定相关政策成为一个十分迫切的研究课题。

1.1.2 研究意义

在理论意义方面，一是综合复杂产品系统、创新生态系统、技术追赶等理论，通过对中国先进制造业创新追赶机理的研究，把技术追赶拓展到创新追赶，丰富了追赶研究的理论体系，提供中国先进制造业创新追赶的实际例证，从而完善追赶研究的相关案例。二是遵循实现路径设计、选择与控制的思路，提出一套中国先进制造业创新追赶实现路径管理方法，拓展了创新追赶实现路径研究的方法体系。

在实践意义方面，一是基于创新追赶思路提出的中国先进制造业创新追赶实现路径及管理方法有利于指导后发地区先进制造业追赶实践，二是面对当前先发国家的技术封锁，破解后发先进制造业技术能力提升问题迫在眉睫，针对创新追赶政策效果的研究能够为政策制定和优化提供依据，具有现实指导意义。

1.2 国内外研究现状及评述

1.2.1 先进制造业研究现状

1. 先进制造业内涵

所谓先进制造业是相对于传统制造业而言，是建立在先进制造技术之上的制造形态。美国政府于1992正式定义先进制造业是使用先进制造技术的行业。随后，世界各国逐渐认同并扩展先进制造技术和先进制造业的内涵，Raymond 等（1992）将先进制造技术的内涵扩展为一种综合技术能力与发展水平的社会技术体系；Bourke 等（2016）以爱尔兰制造业为研究对象，认为先进制造技术属于特定的知识资本，并能够加速产业技术创新，带来经济效益；Obi 等（2020）认为先进制造技术是在生产过程中所运用的计算机辅助技术或自动化技术；王桂莲等（2021）认为先进制造技术是一个包括市场、产品、工艺的多维度概念，是包括人—机—物等创新要素的闭环系统工程。可以看出，随着先进制造技术的不断发展，先进制造业作为一种产业形态所涵盖的领域将不断变化。

2. 先进制造业产品特征

从产品层面来看，先进制造行业的产品与大规模制成品行业的产品有明显区别，属于典型的复杂产品系统（Complex Product System），因此掌握复杂产品系统的规律对先进制造业研究具有重要支撑作用。

复杂产品系统最早由 Hobday 和 Miller 提出，他们认为复杂产品系统是研发成本高、集成度高、顾客参与且定制化程度高的产品、系统或基础设施，在现代工业体系中发挥着支柱作用。张亚豪等（2018）指出复杂产品系统是各类产业中对技术和组织要求最高的产业类别，先进制造业符合这一标准；柳卸林等（2022）认为高铁、航空、核电等先进制造行业均产出复杂产品系统。从产品特性来看，复杂产品系统在产品特性、生产特性、创新流程、市场特性等多个方面呈现特殊性，Park 等（2020）认为复杂产品系统的产品生命周期长期处于流动状态，而不是产品创新和工艺创新的交替状态；黄晗等（2021）指出复杂产品的技术广度、技术深度、市场广度和市场深度均表现出高度复杂性。此外，吴晓波等（2013）认为先进制造业具有"一高两低"，即高附加值、低污染、低能耗的特征；黄群慧等（2013）认为先进制造业具有生产一体化、过程智能化、系统细粒化的特征；江思浩等（2019）认为先进制造业的特征包括技术水平高、污染与能耗程度小。

3. 先进制造业技术创新影响因素

技术创新驱动是先进制造业发展的关键与核心，学者们关注了影响先进制造业技术创新的各类要素，包括 FDI、数字化水平、产业政策等。例如在 FDI 的影响方面，杨朝均（2019）研究认为技术溢出程度影响创新路径的演变过程，技术低溢出时有创新优势的先发企业最终会选择绿色自主创新，而处于创新劣势的后发企业会选择绿色模仿创新；叶堂林等（2021）实证检验了 FDI 对长江经济带制造业技术创新与技术转移的影响。在数字化水平的影响方面，杨瑾等（2022）使用多案例扎根方法研究发现智能制造技术、互联互通、智能管理平台等是影响装备制造业技术创新的关键因素；张辉等（2022）基于生命周期视角，利用 2012—2017 年中国制造业上市企业数据，实证检验发现数字基础设施显著提升了制造业企业的技术创新水平。在产业政策的影响方面，余东华等（2022）基于新古典经济增长理论，分析环境规制对制造业技术创新的影响机制，运用 2009—2019 年中国 30 个省份先进制造业面板数据进行实证检验，发现环境规制能够引导制造业加快技术创新;金环等(2022)采用双重差分法实证检验了绿色产业政策对先进制造业绿色技术创新的影响机制,发现绿色金融政策能够缓解制造业面临的融资约束,促进制造业绿色技术创新。除此之外,学者们还研究了创新氛围、社会制度、校企合作等因素对先进制造业技术创新的影响。

4. 先进制造业技术能力与政策研究

专利经常被用于衡量产业技术能力,李林等(2021)从技术赶超视角,探讨我国先进制造企业技术能力的阶段性变化特征,发现我国先进制造企业技术能力可依次划分为经验学习、探索研究、自主研发与技术引领4个阶段,各阶段间可逐级跃升,也可跨越,处于不同阶段的企业其技术赶超路径具有差异。李林等(2022)针对美国、中国先进制造技术专利的计量研究表明,2017—2023年是全球先进制造技术创新突破的机会窗口。

从近年来政策研究和实践角度来看,针对高端装备、生物医药、轨道交通等领域的专项产业政策逐步增多。胡鞍钢等(2017)指出包含产业政策、竞争政策、创新政策、开放政策、绿色政策等在内的产业政策集(Industrial Policy Set)是中国高技术制造产业赶超美国的关键。李煜华等(2022)运用内容分析法对2005—2020年先进制造业发展政策进行文本分析,发现目前在产业发展要素维度上分布均衡,而在环境型、需求型政策工具的合理运用上存在不足。

5. 先进制造业服务化研究

制造业服务化是先进制造业重要的发展模式,学者们从制造业与服务业融合态势、制造业服务化路径、制造业服务化的影响等方面进行研究。在制造业与服务业融合态势方面,綦良群等(2021)基于价值流动视角测度了中国装备制造业服务化水平,发现中国装备制造业服务化水平自2012年以后呈现上升发展趋势;梁经伟等(2021)利用世界投入产出表,测算制造业国内外服务化之间的联动关系,发现制造业国内外服务化具有相互促进作用。在制造业服务化路径方面,杨蕙馨等(2020)提出按照全球价值链,制造业分别向研发和营销两个领域延伸,可以实现服务化转型;李煜华等(2022)研究了数字化背景下,先进制造业服务化转型组态路径,提出技术—组织—环境协同主导型、技术—环境主导组织协同型和组织—环境主导技术协同型 3 种组态路径类型。在制造业服务化的影响方面，陈春明等（2022）揭示了制造业服务化程度和市场绩效存在的正"U"型关系以及和财务绩效存在的倒"U"型关系；徐洁等（2022）通过 2008—2018 年中国制造业上市公司嵌入式服务化数据与专利数据，实证检验发现制造业的服务嵌入对企业创新数量和创新质量具有提升效应。

1.2.2 技术追赶研究现状

1. 技术追赶内涵

"追赶"一词主要是指后发国家缩短与领先国家差距的一个过程，技术追赶理论源自 Gerschenkron（1962）的后发优势学说，即落后国家可以利用其后发优势缩小与领先国家的生产力差距。Lee（2001）指出，追赶不仅仅是简单的模仿新技术，而是沿着或者超越先行者技术路径实现创造性改进与创新。作为创新经济领域的专家；Lee 等（2017）提出了"技术追赶"和"市场追赶"的概念来描述后发者与领先者之间存在的不同维度的追赶过程，并认为以上两个维度的追赶是相辅相成的，一方面技术追赶能够通过带来更好、更具竞争力的产品从而促进市场追赶，另一方面市场追赶能够通过带来更多的资金从而支持和促进技术追赶。创新经济学领域的学者们结合演化经济学视角，研究韩国、日本、巴西等新兴经济体若干产业领导者地位交替的规律，发现了存在的追赶周期规律，并提出追赶是后发者逐步缩小与领先者全球市场份额的过程。

2. 技术追赶影响因素

关于后发经济体实现技术赶超的影响因素，学者们从政府支持、制度基础、机会窗口、技术能力等多个维度展开研究。在政府支持方面，吕铁等（2019）揭示了政府行政干预和集中组织促成中国高铁技术赶超的边界条件和行为特征。在制度基础方面，Kwak 等（2020）提出领先者合法性成为影响韩国核能产业技术赶超的关键因素；路风（2021）深入研究了我国举国体制在"两弹一艇一星"项目中的关键作用。在技术能力方面，欧阳桃花等（2021）以中国盾构机为例，发现了后发企业技术能力提升的"双循环创新组织模式"；张郑熠（2019）从全球价值链视角，证明全球价值链对发展中国家技术能力提升以及技术追赶的重要性。在机会窗口方面，Vértesy 等（2017）研究了喷气式飞机产业先决条件、技术窗口与创新战略的关系；Yap 等（2019）从内生性机会窗口视角提出了中国城市水管理行业技术赶超与产业升级的理论框架；吴晓波（2019）探究了机会窗口与企业创新战略的匹配关系对后发企业追赶绩效的作用机制。还有学者综合多维度因素进行研究，例如耿红军（2020）认为影响技术追赶能力的因素众多，总体可分为政策、市场需求、产业特征、组织行为4类；董直庆（2020）认为人力资本与异质性技术耦合会对后发国家技术追赶产生影响。

3. 技术追赶战略

国内外学者对后发国家技术赶超战略进行了大量研究，并且文献集中在大规模制成品行业，如手机产业、林业和纸浆工业、风能产业等。Hobday（2001）提出了从原始设备制造（OEM）到原始设计制造（ODM）再到原始品牌制造的追赶战略，有助于后发国家逐渐从价值链低端向高端追赶；Wang（2010）提出5种后发企业追赶战略模式，即反向价值链战略、反向产品生命周期创新战略、工艺能力专家战略、产品技术领先战略和市场应用领先战略；陈德智等（2004）提出4种技术跨越模式，包括自主跨越、引进跨越、合作跨越和并购跨越；张治河等（2013）则提出了双轨并行战略、基于生命周期的"滞后紧跟"技术战略、协同式价值创造战略；郑长江等（2017）根据技术差距和制度差异，提出模仿、移植、跟随、竞赛4种技术赶超模式；邢文凤（2017）选取我国典型汽车企业进行案例研究，辨识出三类技术追赶战略，即渐进式、突进式和混合式；李新剑（2019）基于创新网络构建视角，通过对中国高铁、通讯、汽车和芯片产业的比较研究，提出渐进式技术追赶模式和非线性技术追赶模式两种类型；徐建新等（2020）认为后发企业首先采用技术模仿式创新主导的边缘赶超模式，继而实施以市场扩张为主的核心追赶模式，最后采用协同创新为导向的系统性追赶模式。

4. 大规模制成品行业技术追赶路径

有关大规模制成品行业技术追赶路径的研究成果较多，学者们从价值链视角、产业链视角以及技术链视角总结出不同类型的追赶路径。从价值链视角来看，Bi 等（2015）认为沿着全球价值链攀升路径，会促进后发者的技术知识获取，从而提升技术追赶能力；杨飞等（2018）通过对技术追赶是否引起了中美贸易摩擦展开研究，提出跟随式路径是后发者追赶前期的追赶路径，能快速缩小与领先国家的技术差距；郑江淮等（2020）在全球价值链分工体系下，提出新兴国家中间产品的技术追赶路径，即先利用低成本优势获取比较优势，再通过规模经济与范围经济提高产品创新，从而利用技能偏向性的技术进步吸引发达国家的研发合作。从产业链视角来看，高伟等（2013）提出光伏产业的突破性创新技术追赶路径；高照军等（2019）认为技术追赶的重要途径就是实现产业链升级，从而摆脱低端锁定的过程；郭艳婷等（2019）基于开放式创新视角，提出跨边界协同的新型技术追赶路径，并以海尔、格力和美的为案例进行探索性研究。从技术链视角来看，马天月等（2022）基于互补技术视角，提出三种追赶路径，一是利用商业化手段降低技术领先者的附加值；二是互补方通过横向或纵向的业务拓展实现追赶；三是互补方通过对自身技术的不断完善占据核心位置；黄鲁成等（2020）基于 NPCIA 核心技术识别模型，提出产业技术追赶需要基础性技术与主导性技术以及支撑性技术协同发展；李显君等（2020）以中国高铁产业为例，探究三种核心技术的突破路径，提出核心技术从功能性、性能性再到稳定性的演化路径；欧阳桃花等（2021）研究中国盾构机成功追赶的历程，提出从成熟产品出发到架构开发再到关键零部件创新的技术追赶路径；彭新敏等（2022）同样基于互补技术与核心技术协同视角，提出技术追赶过程中，二者在时间与空间上的交替路径。

5. 先进制造业技术追赶路径

以高铁列车、航空飞行器、核电装备等为代表的先进制造产业是国家科技创新实力的集中体现，由于先发国家的长期垄断与制裁，对后发国家而言，先进制造业的追赶之路十分艰难。目前学者们对先进制造产业能否实现后发赶超存在争议，有学者认为由于领先国家在先进制造领域的技术优势明显，并且技术轨道存在高度依赖性，后发者几乎不可能实现"弯道超车"，Majidpour（2016）以伊朗燃气轮机产业为例，认为先进制造业领域应该以跟随式追赶为主，技术创造路径几乎不可能发生。然而，过去十几年间,以中国为代表的新兴经济体在多个前沿领域成功实现了超越,但已有研究对这些现象的关注十分有限。一些学者仅从政府干预、基础研究、体制改革等维度解释了这些领域取得成功的原因。例如 Mei 等(2021)以中国高铁列车为例,认为互补性资产和政府参与之间的共同演变对高铁部门创新体系的追赶至关重要;吴晓波等(2021)对中国半导体产业的技术突围历程进行分析,认为商业模式的创新会促进产业技术追赶,并提出 4 条基于商业模式创新的追赶路径;柳卸林等(2022)关注到了创新生态系统视角下中国复杂产品系统的追赶路径问题,并提出产业链核心技术与互补技术的协同发展路径。

1.2.3 创新生态系统研究现状

伴随 20 世纪 90 年代硅谷的迅速崛起,"创新生态"成为解释领先地区持续发展的关键变量进而得到理论界与实践界的高度关注。早在 2003年,美国总统科技顾问委员会就指出"美国的繁荣和全球领先得益于强大的创新生态系统",欧盟也于 2013 年提出新一代创新政策将聚焦于创新生态系统,2021 年 7 月英国政府发布的《英国创新战略》旨在重塑和调整国家创新生态。同时,"创新生态"也出现在 2016 年我国《国家创新驱动发展战略纲要》以及 2022 年北京、上海、深圳等多个地方政府的工作报告当中,营造良好的创新生态,构建高效的创新生态系统成为我国各地方政府"十四五"及 2035 年远景目标中的重要战略举措。

1. 创新生态系统内涵及特征

目前,学术界对创新生态系统的认识各有不同。代表性观点包括 Iansiti 等(2004)基于生态位理论,提出处于不同生态位但又彼此相关的企业组成了创新生态系统;Ander(2006)认为企业通过整合自身的资源投入促进创新成果的产生,同时多个企业共同面向客户需求产生可协同的机制方案进而形成创新生态系统;吴金希(2014)认为创新生态体系是多个创新主体在多种创新要素的基础上为了共同利益而形成的一种稳定的组织体系,这种体系在结构上包含了核心模块和互补模块;曾国屏等(2013)认为创新生态系统和创新系统的不同就在于前者独特的动态性、栖息性与生长性。

创新生态系统研究进一步从企业层拓展到产业层和网络层，Gawer 等（2014）将产业创新生态系统定义为发挥基础性作用的成果集合，创新者可以利用系统内基础性平台来开发自己的配套产品或服务；Walrave（2018）和 Chae（2019）从网络的视角分析主体间关系，即将创新生态系统视为主体间相互依存或系统内部元素相互作用实现共同价值主张的网络。

2. 创新生态系统结构

学者们对创新生态系统结构的研究较多，并且对结构要素的划分维度十分多样。Jackson（2012）通过创新生态系统与生物学生态系统的类比，指出一个创新生态系统可以拆分为不同的复杂要素结构；柳卸林等（2015）认为创新生态系统可以由技术实现生态、从技术到产品的生态以及从产品到产业的生态构成，并且每一部分构成都存在技术的相互制约；Adner（2016）将系统内创新主体形成的创新协作链与价值采用链视为创新生态系统的核心架构，而 Brown（2016）则强调了创新生态系统中的价值传递过程。在创新生态系统结构刻画方面；Fransman（2010）通过功能层级模型刻画了创新生态系统结构，将创新生态系统分为网络要素、网络运营商、创新平台、内容、应用和服务以及最终消费层六个层级结构；Shaw（2018）则将创新生态系统定义为相互关联的商业模式的路径；Su（2018）利用一个新的三层核心—外围框架来分析 Insigma 集团的多平台协作创新生态系统；Jacobides（2018）提出生态系统的核心在于非一般的互补性，以及创造一系列相似规则的角色。结合前人研究成果，Xu 等（2018）提炼了创新生态系统的两个核心属性，即价值链与互动网络，并将创新生态系统分为科学、技术以及市场三个子系统。在此基础上，学者们将创新生态系统进一步扩展为多层次、多模块、多节点、多主体之间相互依存关系的松散网络。

3. 创新生态系统演化规律

动态演化性是创新生态系统的关键特征，与创新系统不同，创新生态系统的演化更强调系统主体间的共同进化。在企业层面，Still 等（2014）

基于系统主体间的基础关系，结合网络中心性方法，构建了企业创新生态系统演化模型，在企业创新生态系统形成过程中，领导角色（如核心企业）、直接价值创造角色（如供应商、装配企业、用户等）、价值创造支持角色（如专家和拥护者），以及创业生态系统中的主体（如企业家、赞助人和监管者等）会在不同的时间，随着形成过程的展开分别进入系统，在形成阶段，主体间的冲突也是生态系统协同进化的调节因素；Yin 等（2014）通过对苹果手机应用程序生态系统研究发现，创新机会、竞争者创新水平以及市场偏好共同造成了系统演进过程的差异；Gao（2019）以 IBM 企业为例，发现生态系统架构会随着共享专利行为展开趋于复杂化。此为，创新生态系统演化过程中常常出现变异或选择性保留；Chae（2019）引入复杂网络结构的概念，以数字创新生态系统为例，提出数字创新生态系统演化过程中呈现的两种机制，即变化和选择性保留。

在产业层面，创新生态系统的演化过程也分为形成、成长、领导、重构或衰退四个阶段，伴随着技术变革、市场需求以及创新环境的动态变化，创新生态系统本身也面临着重构或转型的选择。谭劲松等（2021）以中国轨道交通装备产业为对象，研究发现在产业创新生态系统演进的不同阶段，"架构者"动态变迁、不同架构者战略行为及其作用机制不同。

在区域层面，创新生态系统作为区域创新系统概念的延伸，源于对自然生态系统的隐喻。就区域创新系统而言，其理论溯源主要集中在创新经济学和区域经济理论方面，较早的研究可以追溯到 Cooke 等（1997）对欧洲以根植性为特征的制度环境的系统性研究。后续研究中，地理邻近性对创新系统的作用得到了认同，并且学者们对"区域"的概念进行了细化，例如李晓娣等（2019）认为它是具备经济、地理、行政三重属性的物理空间，包括省级区域、科技园区等范畴。

4. 创新生态系统演化影响因素

学者们认为主体间的依存或互补关系、技术模块或主体间知识流动过程、主体间的冲突风险以及创新生态系统所处的生态环境等都可能影响创新生态系统演化，其中技术模块化为创新生态系统的特征之一，生态系统各技术模块之间的互补性影响了生态系统内主体的价值创造与获取，Jacobides（2018）以 3D 打印为例研究发现，生态系统内多个模块化创新主体通过拓展适应主体实现创新生态系统的构建。依托创新生态系统开放性，有异质性主体持续进入创新生态系统实现拓展适应，逐步造成系统内部破坏，进而实现创新生态系统的重构；Sjodin（2019）强调了创新生态系统中知识处理动态过程对创新进程的影响。从演化的过程来看，系统内的知识处理在创新进程的不同阶段发挥了不同的作用，Wei（2014）将市场动态影响因素考虑在创新生态系统演化进程内，研究表明市场动态与创新生态系统之间存在相互作用关系，即创新生态系统通过主导设计影响市场动态的同时，市场条件也在影响着产业的投资变化；Kolloch（2018）利用主体网络理论，分析了生态系统演化前后的矛盾对生态系统演化的影响，这种矛盾具体表现为人与人的冲突、非人与非人的冲突、人与非人的冲突。

5. 创新生态系统治理

创新生态系统是融合了自然生态和企业组织双重特性的复杂网络系统，科学治理是创新生态系统高效运行的关键。

在企业层面，国外学者关注创新生态系统利益相关者之间的冲突治理，首先是目标冲突治理，由于生态系统领导者与风险投资者设立目标的不一致，使得企业需要建立调节两种目标间冲突的治理机制；其次，系统主体间的知识共享也会引发冲突治理，一方面可通过选择性共享知识避免一部分冲突，另一方面需要系统领导者构建相对完善的知识治理机制。国内学者也强调了专利、技术标准是高科技企业创新生态系统治理的关键内容，其中曾德明（2013）、张运生和张利飞等（2011）的研究更具有代表性，研究提出了基于定价的高科技企业创新生态系统治理模式，包括俱乐部型、辐射型以及渗透型三种治理模式，并指出企业家精神不仅是系统的产出，企业家本身也是创造生态系统和保持生态系统健康的重要参与者。

在产业层面，Wareham（2014）提出可同时管理标准多样性、控制自主性和主体关系性三方面的差异来实现创新生态系统治理；Bacon（2019）提出针对知识、关系和组织的治理有助于系统内知识转移的成功；Heaton（2019）研究表明大学可通过致力于启动新产业、培养创业精神和振兴社区来治理创新生态系统；Ritala（2013）提出领先企业通过促进价值创造和获取的有形和无形机制,以帮助维护和实现所有生态系统参与者的价值主张国内学者研究表明,由于企业间的相互依赖关系、配套组件技术的专有性以及企业间的集体行为均容易滋生投机主义,可通过营造创新文化氛围、建立集体制裁、内部协商以及利润共享等治理机制来克服创新生态系统的运行障碍。

在区域层面,为提升创新生态系统的影响力和吸引力,需要在区域范围内外建立知识联合治理机制,尤其需要克服区域结构性危机,当然区域创新生态系统治理还要致力于开放式创新下的外部创新源集成。国内学者还关注了区域创新系统态势评价,覃荔荔等(2011)构建了区域创新系统可持续性综合生态位适宜度模型以及指标体系;陈向东等(2014)重点从创新生态系统视角观测我国各区域的国家级科技园区创新态势,并构建了科技园区创新生态系统评价指标体系。

6. 创新生态系统政策

创新生态系统的形成与发展对环境有着特殊要求,政策环境无疑是打造高效创新生态系统的关键。当前,国内外学者主要探讨了国家创新生态系统发展政策,美国科学院分别于2012年和2013年发布的两份报告明确提出,构筑国家竞争力应将创新政策聚焦于创新生态系统。McCarthy等(2014)认为制度的不足已经阻碍了俄罗斯进行持续性创新活动,而可持续创新生态系统的发展需要一种不同于国家创新体系背景下采用的传统制度监管方法的思维方式,这意味着需要在供给方和需求方干预、公共和私人、开放和所有权、长期和短期观点、要素质量及其关系、充分的政策行动和"看不见的手"的顺利运作之间寻求微妙的平衡;Schwartz(2015)认为地方产业协会作为创新进程的催化剂,可通过5个主要渠道发挥积极作用:提高所有行动者的认识、收集并公开相关信息、为企业提高创新能力提供支撑、营造适宜的产业创新环境以及延长企业创新过程。国内学者也针对中国国情开展了国家创新生态系统的政策研究,陈劲等(2011)基于生态进化视角研究了国家技术创新体系生存、演化和优化的三阶段政策措施;曾国屏等(2013)认为从"创新系统"到"创新生态系统"转变过程中,相应政策也需要由"供给"向"需求"转变;柳卸林等(2015)建议应从创新生态角度思考我国科技管理模式;Ma(2019)以常州为例,摸清了2001—2015年创新生态系统形成、发展和扩张各阶段的地方政府政策关注点和变化，总结了政府、大学和企业之间的互动机制。

1.2.4 研究现状评述

综上所述，国内外学者在先进制造业、技术追赶与创新生态系统领域开展了广泛的理论探讨与实证研究，为本研究奠定了坚实的基础。面对全球经济不确定性增加、全球科技竞争白热化、摩擦常态化和持久化趋势，中国制造业高质量发展面临前所未有的挑战，尤其被称为制造业掌上明珠的先进制造领域依然存在诸多"卡脖子"环节，处于后发追赶阶段。如何实现中国先进制造业从单一技术要素驱动追赶向创新生态系统驱动追赶转型，助力制造强国目标实现，成为现阶段亟待深入研究的问题，但目前相关理论研究仍存在不足。

第一，技术创新是产业追赶的关键，先进制造业的复杂产品系统特征、技术创新影响因素及先进制造业服务化等问题受到学者的广泛关注。这些研究丰富了先进制造业创新追赶领域的成果，但主要聚焦于大规模制成品行业，并且依然囿于技术逻辑，缺少更加整体的理论视角，制约了对新兴经济体先进制造业创新追赶规律的认识。

第二，创新生态系统的研究聚焦于企业、产业、区域和国家层面，关注了创新生态系统结构、演化规律与影响因素等内容，部分研究也提出未来产业之间的竞争将聚焦于创新生态系统层面，然而创新生态系统层面的产业追赶问题尚未引起学者们的关注。尤其对先进制造业创新生态系统的研究不足，并且鲜有研究从创新生态系统视角审视后发者对领先者的追赶过程。

第三，目前国际主流的追赶研究大多以韩国、日本、伊朗等东亚新兴经济体为研究对象，并且学者们多使用案例研究方法，凝练形成了一系列技术追赶理论成果。然而，中国先进制造业所具备的技术复杂性、市场垄断性、政策驱动性等特征，以及当前中国先进制造业发展所面临的前所未有的挑战，使得中国先进制造业的后发赶超面临截然不同的内外部环境，从而导致现有产业技术追赶理论对当前中国先进制造追赶实践的指导性不足。

因此，面向中国先进制造业从单一技术追赶到全面追赶的现实需要，从创新生态系统视角出发，将先进制造业追赶定义为后发者与领先者之间创新生态系统的追赶，通过中国先进制造业创新追赶机理研究，设计产业创新追赶实现路径，提出路径选择、转换与控制方法体系，评价中国先进制造业创新追赶政策效果，并提出相关策略，旨在为中国先进制造业实现创新追赶提供理论支撑和决策参考。

1.3 研究内容与技术路线

1.3.1 研究内容

面向新形势下中国先进制造业创新追赶的新要求，紧密结合创新生态系统、复杂产品系统以及技术追赶理论，从创新追赶机理、创造追赶实现路径和创新追赶政策效果三个维度进行系统研究，具体包括以下内容：

1. 国内外理论和实践动态跟踪

跟踪国内外先进制造业、技术追赶、复杂产品系统、创新生态系统等方面的理论研究前沿和实践动态，为研究问题提出奠定坚实理论基础。

2. 中国先进制造业创新追赶机理研究

评价当前中国先进制造业创新追赶态势，分析当前面临的现实困境，从技术、市场和制度维度识别中国先进制造业追赶面临的机会窗口，识别中国先进制造业创新追赶在技术创新链和价值创造链维度的关键要素，研究中国先进制造业创新追赶动因和追赶周期，揭示中国先进制造业创新追赶规律。

3. 中国先进制造业创新追赶实现路径设计

基于中国先进制造业创新追赶机理，明确中国先进制造业创新追赶实现路径设计原则与思路，遵循不同属性技术的能级跃迁机理，设计架构技术主导的突破式追赶路径、元件技术主导的混合式追赶路径、基础技术主导的渐进式追赶路径、互补技术主导的跟随式追赶路径四条产业创新追赶实现路径，研究不同实现路径的内涵特征、关键点和形成过程，并选择中国工业机器人产业、大飞机产业、半导体产业和新能源汽车产业进行描述性案例分析。

4. 中国先进制造业创新追赶实现路径选择与转换

结合先进制造业创新追赶实现路径设计要求，提出中国先进制造业创新追赶实现路径选择思路，设计实现路径选择的基本流程，研究产业创新追赶实现路径选择过程，并设计了选择方法，基于产业创新追赶路径的动态性原则，研究不同路径转换的影响因素、转换方式与具体策略。

5. 中国先进制造业创新追赶实现路径控制

提出中国先进制造业创新追赶实现路径控制思路，从实现路径关键点、实现路径风险和实现路径效果反馈三个方面设计实现路径控制模型，围绕技术创新方向控制和价值创造主体控制设计实现路径关键点控制方案，提出风险因素识别、风险预警评价和风险预警应对三方面的风险控制方案，设计实现路径效果评价方法与改进方案。

6. 中国先进制造业创新追赶政策效果研究

明确中国先进制造业创新追赶政策本文数据的收集标准与范围，运用政策文本分析方法，划分主要政策工具类型，并以高端装备制造产业和生物医药产业为例，分别研究其政策工具运用情况和政策工具的组态效应，给出创新追赶引领区、创新追赶潜力区和创新追赶起步区的政策优化策略。

7. 实证研究

分别以中国动力电池和中国高铁产业为案例进行实证研究，一方面将中国先进制造业创新追赶理论研究成果用于实践指导，另一方面为新兴经济体先进制造领域的后发赶超提供了参考借鉴与启示。

1.3.2 研究方法

1. 定性研究方法

（1）案例研究。

系统收集并整理了中国动力电池、高铁、工业机器人、大飞机、半导体、新能源汽车六个先进制造产业相关资料，并通过动力电池和高铁产业的解释性案例研究，验证了中国先进制造业创新追赶路径的科学性，并丰富了创新追赶机理的理论成果。

（2）模糊集定性比较分析（fsQCA）。

政府使用多种政策工具促进中国先进制造业创新追赶，这些不同类型的政策工具相互组合会产生高水平追赶绩效，因此基于组态思想，采取中国四大区域22个省市的高端装备制造产业和生物医药产业政策文本，运用fsQCA方法评价多种政策工具的组态效应，并识别产生高追赶绩效的多元路径和代表性地区。

2. 定量研究方法

（1）建模仿真。

分析创新追赶过程与量子跃迁过程的相似性，构建中国先进制造业创新追赶的玻尔原子模型并提出研究假设，运用中国汽车制造业2001—2020年的发明专利数据进行数值仿真，以揭示架构技术、元件技术、基础技术和互补技术在创新追赶过程中的演化规律。

（2）统计分析。

主要进行专利统计分析和政策文本统计分析。专利统计分析包括对专利引文数、专利后向引证数、专利被引证数、专利合作范围、专利同族数等数据的统计分析，用于中国先进制造业创新追赶路径选择。政策统计分析包括对多个省份高端装备产业和生物医药产业不同政策工具视频频率的统计，用于组态路径的条件变量。

1.3.3 技术路线

从研究思路、研究内容和研究方法维度，构建技术路线如图1.1所示。

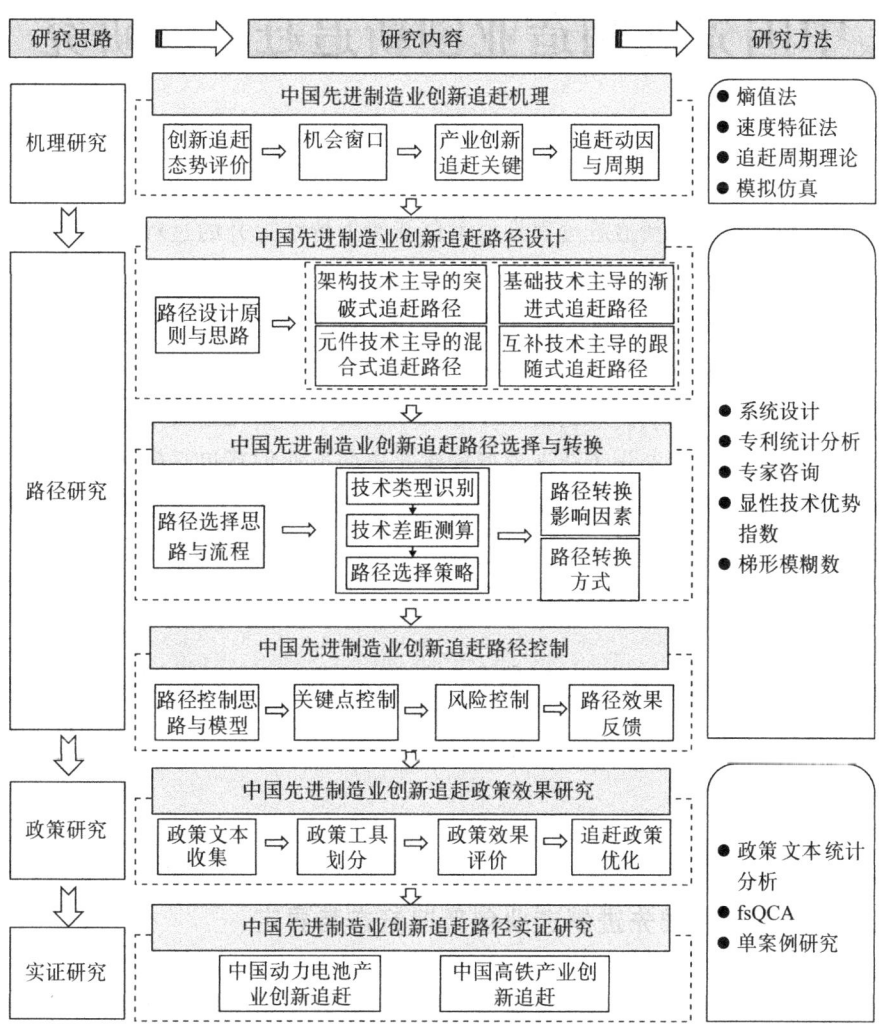

图1.1 技术路线图

中国先进制造业创新追赶机理研究

先进制造业创新追赶过程是技术创新能力持续提升的过程,也是构建新创新生态系统并赶超先发地区创新生态系统的过程。为此,从分析中国先进制造业技术追赶态势及现实困境入手,识别存在的技术机会窗口、市场机会窗口和制度机会窗口,通过技术创新链维度和价值创造链维度的关键要素及其关系识别,从创新生态系统维度揭示中国先进制造业创新追赶动因与周期,并借鉴量子跃迁模型构建先进制造业创新追赶模型并进行数值仿真。对于先进制造业创新追赶机理研究有利于深入认识创新生态系统驱动下的产业追赶规律,为创新追赶实现路径设计奠定了理论基础。

2.1 中国先进制造业创新追赶态势评价及现实困境

2.1.1 中国先进制造业创新追赶态势界定

生态位是生态学中的重要概念,是指处于特定生态系统的一个种群在时间、空间中所占据的位置及其与相关种群之间的功能关系与作用。生态位势理论认为,生态系统中一切生物单元都以一定的状态存在并对周围环境产生相应的影响,具有"态"和"势"两种属性。其中,"态"是指当前所处的状态,反映的是生物单元吸收资源、能量并与环境相互作用后积累的结果;"势"是指未来的趋势,反映的是生物单元未来可持续发展的潜力。根据"态""势"属性的特点可知,中国先进制造业创新追赶的"态"属性反映了当前产业整体的发展状态,而"势"属性更多的展现产业发展与追赶潜在。因此,通过中国先进制造业创新追赶态势评价不仅有利于了解和把握当前产业状态,而且能够为明确追赶目标与方向提供支撑。

2.1.2 中国先进制造业创新追赶态势评价

在现有研究中,学者们选取不同的评价指标与方法对产业追赶状态与趋势进行研究。首先,现有研究对产业发展的"态"属性和"势"属性区分不明显,指标的选取对产业发展现状和未来趋势的评价准确性不足,使用专利分析方法衡量产业追赶态势依然是技术视角下的分析,并不能全面展现产业整体追赶情况,产业的追赶问题实际上是后发产业与先发产业技术和市场差距不断缩小的过程,市场空间的扩大也是追赶的重要表现形式。其次,定性评价方法对于产业追赶问题的探讨存在主观性过强的弊端,无法客观地体现出追赶过程的数据变化,而定量评价方法中,学者们普遍采用静态评价方法对时间序列数据进行评价,其结果存在一定的关联性,即上一年度的评价结果可能会对下一年度的评价结果产生影响。

为弥补现有研究的不足,从"态"和"势"两方面进行评价,在构建中国先进制造业创新追赶态值评价指标体系的基础上,首先采用熵值法对产业追赶态值进行静态评价,接着采用速度特征的动态评价方法,将物理学中"速度""加速度"以及"合力"的概念引入到产业创新追赶态值的变化速度状态与变化速度趋势评价当中,综合得出中国先进制造业创新追赶势值,最后结合追赶态值与追赶势值综合分析先进制造业创新追赶态势,明确当前中国先进制造业创新追赶现状、潜力与现实困境。

1. 中国先进制造业创新追赶态值的影响因素

先进制造业技术能力提升是实现创新追赶的关键,先进制造业构建创新生态系统时所需的异质性资源代表了产业的整体竞争力,而基于这些异质性资源的配置效率与使用情况是产业追赶能力形成的基础。一般而言,领先者的创新生态系统基本拥有充足的人力资源、资金资源和条件资源，这些创新资源通过转移和扩散进行后发者的创新生态系统，从而作为系统投入要素对后发者的创新追赶产生关键影响。从系统产出来看，后发者一方面需要在先进制造业技术能力方面迅速提升，另一方面还要在市场维度实现占有率提升，从而才能完成对先发地区的双重追赶。当然，先进制造业创新生态系统追赶时所处的环境能够为追赶创造空间，保障追赶过程的平稳有序。基于此，围绕中国先进制造业创新追赶过程中创新生态系统成长需要，构建"投入—产出—环境"框架，以准确识别影响先进制造业创新追赶态值的因素。

第一，创新生态系统的资源基础。创新资源主要包括人才资源、资金资源、物力资源等类型。首先，人力资源是构成创新生态系统的核心要素，是确保创新追赶实现的关键，在中国高铁追赶过程中，我国原铁路系统内的高校和科研院所为高铁研发、设计与生产制造提供了丰富的人力资源保障，是高铁技术进步的重要基础。其次，资金资源是提供产业持续追赶动力的关键，产业发展规律表明，研发、制造、产业化三个环节的资金投入比为1:10:100，而后发地区先进制造业由于核心技术、互补技术等存在差距，可能需要更加巨大的资金投入。例如近10年，我国铁路固定资产投资累计超过了7万亿元，高铁列车的研发先后累计投入近千亿元人民币。最后，各种物力资源主要涵盖了创新活动所需要的关键装备、实验室、研发设施等，应该看到，与大规模制成品行业不同，先进制造业往往需要大型装备才能完成产品制造，属于重资产行业。例如芯片行业中，光刻机成为关键装备，也是我国被"卡脖子"的关键设备之一。当然，创新资源的投入仅仅是维持创新生态系统运行的基本条件，维持高效的资源配置效率，加快创新资源转化为有价值的技术十分关键。

第二，创新生态系统的产出。创新生态系统同时关注技术体系关系与商业价值创造，技术体系变化通常表现为产出更多的高水平专利，而商业价值提升表现为市场占有率、市场规模的变化。这些良好的技术产出与市场表现是后发产业基于创新资源所开展一系列创新活动后所呈现出的效果和效率。大多数情况下，专利作为技术产出的重要形式，是衡量产业追赶状态的主要维度，专利数量越多、质量越高，表明后发产业创新能力越强，专利增长率越快，反映了后发产业对领先产业的追赶速度越快，追赶态势越好。在市场维度，后发产业的高收益和高增长率，表明其对领先者的市场空间挤压程度越高，技术市场化率越高。

第三，创新生态系统环境。对于后发产业而言，投入大量资源进行追赶具有很大风险，尤其先进制造领域存在大量的复杂产品系统，这些复杂产品系统的技术范式已经形成，领先者建立了较高的技术壁垒，因此后发者如果要实现追赶，必然要突破现有技术范式，这个过程存在极大的不确定性，需要政府发挥生态系统稳定器的作用，通过各种方式进行风险补偿，扮演好追赶引领者的角色。从形式来看，各类政策出台都是为了营造良好的创新生态环境，促进创新资源优化整合，降低研发成本，提高产业技术能力，从而加速产业追赶。

2. 中国先进制造业创新追赶态值的评价指标体系设计

基于先进制造业创新追赶态值的影响因素分析，按照科学性、可操作性、数据可得性原则，从资源基础、创新产出、政策保障3个维度构建包含3个一级指标、8个二级指标的先进制造业创新追赶态值评价指标体系，见表2.1。

表 2.1　　　　先进制造业创新追赶态值评价指标体系

一级指标	二级指标	三级指标
资源基础	人才基础	R&D人员全时当量（人年）
	条件基础	有研发机构的企业数占全部企业数比重（%）
	资金基础	R&D经费内部支出（万元）
		技术引进、消化吸收经费支出（万元）
创新产出	技术产出	专利申请数（件）
		发明专利数（件）
	市场表现	新技术与新产品销售收入（万元）
		产业利润率（%）
政策支持	政府资金	R&D经费中政府资金投入（万元）

3. 中国先进制造业领域划分

目前我国尚未对先进制造业细分领域进行统一划分，学术界也未形成统一的产业分类标准。因此，为了进一步评价先进制造业态势，首先对中国先进制造业领域进行划分。具体包括以下步骤：首先根据《中国制造2025》规划纲要中提出的先进制造重点发展领域，按照《国民经济行业分类》（GB/T4754—2017）的划分标准，找到中国先进制造重点发展领域的行业分类号。其次考虑数据可获得性，将《中国科技统计年鉴》和《中国高技术产业统计年鉴》的行业分类也转化为行业分类号，并将中国先进制造重点发展领域的行业分类号与现有统计年鉴中的行业分类号进行对应，最终确定新一代信息技术产业、生物医药及高性能医疗器械产业、专用设备制造业、汽车制造业、铁路船舶航空航天和其他运输设备制造业5个典型领域作为先进制造业的代表产业。

4. 中国先进制造业创新追赶态势评价模型构建

根据中国先进制造业创新追赶态值的评价维度和数据特征，首先构建基于熵值法的创新追赶态值评价模型，在此基础上，引入速度特征法，构建创新追赶势值评价模型。

（1）基于熵值法的创新追赶态值评价模型。

"熵"是热力学的重要概念，是对系统混乱程度的度量，在信息学领域得到广泛应用。在信息系统领域，熵是不确定性信息的度量，信息量越大，不确定性就越小，熵值也越小；相反，信息量越小，不确定性就越大，熵值也越大。熵值法作为一种客观赋权方法，能够保证结果的客观性，并且可操作性强。

针对中国先进制造业创新追赶态值进行评价时，由于各项指标的数据类型完全不同，首先要对数据进行归一化处理，同时为避免求熵值时对数无意义，需要进行数据平移处理。因此，以前面确定的5个先进制造业领域为评价对象，进行指标归一化与熵值计算。其中，x_{ij}表示第i个评价对象的第j项评价指标值，数据处理如公式（1-1）所示。

$$x_{ij}^+ = \frac{x_{ij} - \min(x_{ij})}{\max(x_{ij}) - \min(x_{ij})} + 1 \qquad (1-1)$$

计算第j项指标下第i个评价对象所占比重，如公式（1-2）所示。

$$p_{ij} = \frac{x_{ij}}{\sum_{i=1}^{c} x_{ij}} \qquad (1-2)$$

计算第 j 项指标的熵值,其中 $k = \dfrac{1}{\ln(c)}$,如公式(1-3)所示。

$$e_j = -k \sum_{i=1}^{c} p_{ij} \ln(p_{ij}) \qquad (1-3)$$

计算第 j 项指标的熵权,如公式(1-4)所示。

$$w_j = \dfrac{1 - e_j}{\sum_{j=1}^{d}(1 - e_j)} \qquad (1-4)$$

计算各评价对象综合得分,如公式(1-5)所示。

$$R_i = \sum_{j=1}^{d} w_j \cdot p_{ij} \qquad (1-5)$$

评价对象的综合得分就是先进制造业创新追赶"态"属性的评价值。

(2) 基于速度特征法的创新追赶势值评价模型。

在此基础上,采用速度特征动态评价方法,计算追赶态值的速度变化状态与速度变化趋势,再综合计算出先进制造业创新追赶"势"属性的评价值。

假设先进制造业创新追赶态值在 $[t_j, t_{j+1}]$ 时间内的变化速度为 v_{ij},可得变化速度时序信息矩阵,如公式(1-6)所示。

$$V = [v_{ij}]_{c \times d} = \begin{bmatrix} \dfrac{R_{12} - R_{11}}{t_2 - t_1} & \cdots & \dfrac{R_{1(d+1)} - R_{1d}}{t_{d+1} - t_d} \\ \vdots & \ddots & \vdots \\ \dfrac{R_{c2} - R_{c1}}{t_2 - t_1} & \cdots & \dfrac{R_{c(d+1)} - R_{cd}}{t_{d+1} - t_d} \end{bmatrix} \qquad (1-6)$$

当 $v_{ij} = 0$ 时,表示被评价对象在相邻两个时间点变化速度不变,处于稳定发展阶段;当 $v_{ij} > 0$ 时,表示被评价对象处于上升阶段;当 $v_{ij} < 0$ 时,表示被评价对象处于下降阶段。

假设被评价对象 i 在指定时间段 $[t_j, t_{j+1}]$ 内变化速度状态为均速变化,基于多时段信息集模型,对象 i 的变化速度状态评价值可用积分形式表现,如公式(1-7)所示。

$$s_v^i(t_j, t_{j+1}) = \int_{t_j}^{t_{j+1}} [v_{ij} + (t - t_j) \times (v_{i,j+1} - v_{ij})/(t_{j+1} - t_j)] dt \qquad (1-7)$$

通过变化速度状态值的正负,可以反映被评价对象的变化速度状态升降性质。为进一步计算被评价对象的变化速度趋势,构建变化加速度模型,如公式(1-8)所示。

$$a_{ij} = \begin{cases} 0 & t_{j+1} = 1 \\ \dfrac{v_{i,j+1} - v_{ij}}{t_{j+1} - t_j}, & t_{j+1} > 1 \end{cases} \quad (1-8)$$

通过变化加速度模型,构造变化速度趋势测度修正模型,如公式(1-9)所示。

$$\varphi(a_{ij}) = \frac{\varepsilon}{1 + e^{-a_{ij}}} \quad (1-9)$$

其中,$e^{-a_{ij}}$ 表示速度变化的聚集效果,该函数能通过被评价对象的变化速度趋势对变化速度状态做出奖罚的修正,更合理地反映被评价对象追赶势值的变化情况。

当 $a_{ij} = 0$ 时,$\varphi(a_{ij}) = 1$,表示被评价对象的变化速度状态没有改变,因此不进行变化速度趋势奖励或惩罚,同时根据特殊值法可求得 $\varepsilon = 2$;

当 $a_{ij} > 0$ 时,$e^{-a_{ij}} \in (0,1)$,$\varphi(a_{ij}) > 1$,即被评价对象的变化速度趋势对变化速度状态给予奖励;

当 $a_{ij} < 0$ 时,$e^{-a_{ij}} \in (1, +\infty)$,$\varphi(a_{ij}) < 1$,即被评价对象的变化速度趋势对变化速度状态基于惩罚。

将经典力学中牛顿第二定律 $\sum F = kma$ 原理应用到动态综合评价中,设 $k = 1$,$\varphi(a_{ij}) = a$,综合追赶态值的变化速度状态与变化速度趋势,最终构成被评价对象追赶势值的动态评价函数,如公式(1-10)所示。

$$Y_{jv} = s_v^i(t_j, t_{j+1}) \times \varphi(a_{ij}) \quad (1-10)$$

为表示 $[t_j, t_{j+1}]$ 时段内先进制造业创新追赶势值的整体变化情况,依据物理学中"合力"思想可求,如公式(1-11)所示。

$$Y = \sum_{j=1}^{n-1} Y_{jv} \quad (1-11)$$

当 $Y > 0$ 时,表示先进制造业创新追赶势值在 $[t_j, t_{j+1}]$ 时段内整体呈现加速增长或减速增长趋势,其中 $\varphi(a_{ij})$ 大于1时,为加速增长,$\varphi(a_{ij})$ 小于1时,为减速增长;当 $Y < 0$ 时,表示追赶势值在 $[t_j, t_{j+1}]$ 内整体呈现加速下降或减速下降趋势,其中 $\varphi(a_{ij})$ 大于1时,为加速下降,$\varphi(a_{ij})$ 小于1时,为减速下降;当 $Y = 0$ 时,表示追赶势值在 $[t_j, t_{j+1}]$ 内整体平稳。

5. 中国先进制造业创新追赶态值评价结果

根据前文选择的 5 个典型先进制造产业领域,从《中国科技统计年鉴》和《中国高技术产业统计年鉴》收集 2011—2020 年,主营业务收入 500 万元及以上的工业企业相关数据,并使用 SPSS 对部分缺失数据进行插值。根据公式(1-1)至(1-5)计算出新一代信息技术产业、生物医药及高性能医疗器械产业、专用设备制造业、汽车制造业、铁路、船舶、航空航天和其他运输设备制造业 5 个产业领域在 2011—2020 年的追赶态值,结果见表 2.2。

表 2.2　　　　　　　　先进制造业创新追赶态值评价结果

年份 产业	2011	2012	2013	2014	2015	2016	2017	2018	2019	2020	均值	排序
A	0.2581	0.2592	0.2543	0.2526	0.2569	0.2641	0.2641	0.2725	0.2707	0.2754	0.2628	1
B	0.1782	0.1786	0.1777	0.1783	0.1794	0.1723	0.1735	0.1715	0.1741	0.1745	0.1758	4
C	0.1894	0.1927	0.1956	0.1900	0.1864	0.1837	0.1870	0.1906	0.1917	0.1939	0.1901	3
D	0.2025	0.2021	0.2052	0.2107	0.2082	0.2101	0.2089	0.2062	0.2069	0.1974	0.2058	2
E	0.1717	0.1674	0.1671	0.1683	0.1691	0.1697	0.1665	0.1592	0.1566	0.1589	0.1655	5

注:由于行业名称过长,按照新一代信息技术产业、生物医药及高性能医疗器械产业、专用设备制造业、汽车制造业、铁路、船舶、航空航天和其他运输设备制造业的顺序用字母 A—E 代替,以下图表均采用该方式编码。

由表 2.2 可知,中国 5 个先进制造业的创新追赶态值呈现明显差异。具体来看,新一代信息技术产业追赶态值始终高于其他四大产业,处于领先地位,从 2011—2020 年追赶态值逐年波动增长。汽车制造业与专用设备制造业追赶态值低于新一代信息技术产业,追赶态值波动较小,产业发展较为稳定,排名始终处于第二、三位。生物医药及高性能医疗器械产业与铁路、船舶、航空航天和其他运输设备制造业排名较为靠后,其中在 2018 年以前生物医药及高性能医疗器械产业追赶态值与铁路、船舶、航空航天和其他运输设备制造业追赶态值差距较小,自 2018—2020 年,生物医药及高性能医疗器械产业与铁路、船舶、航空航天和其他运输设备制造业追赶态值之差增大。

6. 中国先进制造业创新追赶势值评价结果

根据公式（1-6）和（1-7）计算出先进制造业创新追赶态值的变化速度状态，结果见表 2.3。

表 2.3　　　　　先进制造业创新追赶态值变化速度状态

年份 产业	2012— 2013	2013— 2014	2014— 2015	2015— 2016	2016— 2017	2017— 2018	2018— 2019	2019— 2020	均值
A	-0.0019	-0.0033	0.0013	0.0058	0.0036	0.0042	0.0033	0.0014	0.0018
B	-0.0002	-0.0001	0.0008	-0.0030	-0.0030	0.0004	0.0003	0.0015	-0.0005
C	0.0031	-0.0013	-0.0008	0.0007	0.0003	0.0034	0.0023	0.0017	0.0012
D	0.0014	0.0043	0.0015	0.0003	0.0004	-0.0019	-0.0010	-0.0044	-0.0001
E	-0.0023	0.0004	0.0010	0.0007	-0.0013	-0.0052	-0.0049	-0.0002	-0.0015

根据表 2.3 计算结果可知，5 个先进制造业的变化速度状态 $s_v^i(t_j, t_{j+1})$ 均有正值和负值，当 $s_v^i(t_j, t_{j+1})$ 为正值时，说明产业在该时间段内处于发展状态；当 $s_v^i(t_j, t_{j+1})$ 为负值时，说明产业在该时间段内处于退缩状态。

根据公式（1-8）至（1-9）计算出先进制造业创新追赶态值的变化速度趋势，结果见表 2.4。

表 2.4　　　　　先进制造业创新追赶态值变化速度趋势

年份 产业	2012— 2013	2013— 2014	2014— 2015	2015— 2016	2016— 2017	2017— 2018	2018— 2019	2019— 2020	均值
A	0.9971	1.0016	1.0030	1.0015	0.9963	1.0042	0.9949	1.0032	1.0002
B	0.9993	1.0007	1.0002	0.9959	1.0041	0.9997	1.0023	1.0002	1.0003
C	0.9999	0.9957	1.0010	1.0005	1.0030	1.0001	0.9988	1.0005	0.9999
D	1.0017	1.0012	0.9960	1.0022	0.9985	0.9992	1.0017	0.9949	0.9994
E	1.0020	1.0008	0.9998	0.9999	0.9981	0.9980	1.0023	1.0024	1.0004

根据表 2.4 计算结果可知，当产业变化速度趋势 $\varphi(a_{ij})$ 大于 1 时，说明该时间段内产业变化速度呈现加速趋势；当产业变化速度趋势 $\varphi(a_{ij})$ 小于 1 时，说明该时间段内产业变化速度呈现减速趋势。

基于上述计算结果,根据公式(1-10)至(1-11)计算出先进制造业各年度的追赶势值以及综合值,结果见表2.5。

表2.5　　　　　　　　先进制造业创新追赶势值评价结果

年份 产业	2012—2013	2013—2014	2014—2015	2015—2016	2016—2017	2017—2018	2018—2019	2019—2020	综合值
A	-0.0019	-0.0033	0.0013	0.0058	0.0036	0.0043	0.0033	0.0014	0.0144
B	-0.0002	-0.0001	0.0008	-0.0030	-0.0030	-0.0004	0.0003	0.0015	-0.0041
C	0.0031	-0.0013	-0.0008	0.0007	0.0003	0.0034	0.0023	0.0017	0.0094
D	0.0014	0.0043	0.0015	-0.0004	0.0004	-0.0019	-0.0010	-0.0044	-0.0002
E	-0.0023	0.0004	0.0010	0.0007	-0.0013	-0.0052	-0.0049	-0.0002	-0.0119

对比分析表2.3至表2.5的计算结果可知,从整体来看,我国5个先进制造业的追赶势值呈现不同的变化情况。新一代信息技术产业的变化速度状态值$s_v^i(t_j,t_{j+1})$大于0,变化速度趋势值$\varphi(a_{ij})$大于1,追赶势值综合值大于0,说明新一代信息技术产业整体呈现加速增长趋势,即产业每年的增长幅度越来越大,且幅度的增长量越来越多,追赶势头良好;生物医药及高性能医疗器械产业、铁路、船舶、航空航天和其他运输设备制造业的变化速度状态值$s_v^i(t_j,t_{j+1})$小于0,变化速度趋势值$\varphi(a_{ij})$大于1,追赶势值综合值小于0,说明这两个产业虽在发展,但发展的整体趋势表现为加速下降,即产业每年的增长幅度越来越小,且幅度的减少量越来越多,追赶势头不佳;专用设备制造业的变化速度状态值$s_v^i(t_j,t_{j+1})$大于0,变化速度趋势值$\varphi(a_{ij})$小于1,追赶势值综合值大于0,说明专用设备制造业发展整体呈现减速增长趋势,即产业每年的增长幅度越来越大,但幅度的增长量越来越少,追赶势头虽不如新一代信息技术产业,但好于其他三个产业;汽车制造业的变化速度状态值$s_v^i(t_j,t_{j+1})$小于0,变化速度趋势值$\varphi(a_{ij})$小于1,追赶势值综合值小于0,说明汽车制造业的发展整体呈现减速下降趋势,即产业每年的增长幅度越来越小,但幅度的减少量也越来越少。从变化速度趋势和变化速度状态两个维度构建先进制造业创新追赶势值矩阵图,如图2.1所示。

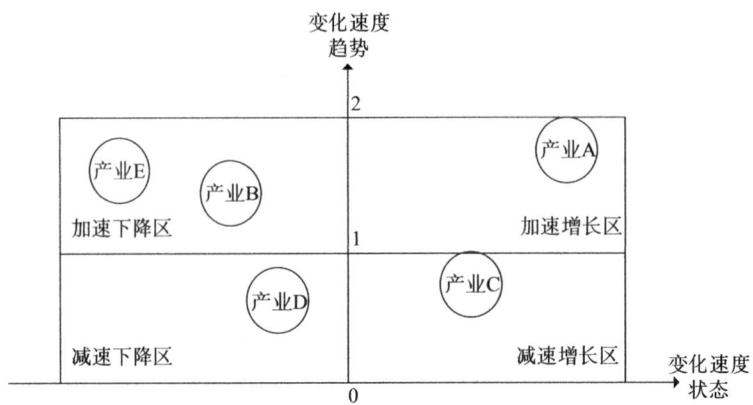

图 2.1 先进制造业创新追赶势值矩阵图

具体来看，新一代信息技术产业除 2012—2014 年变化速度状态 $s_v^i(t_j,t_{j+1})$ 呈负值，其余年份均为正值，表明新一代信息技术产业整体发展势头强劲，并不是因为某一年份的追赶态值突然增长，而是追赶态值始终保持着平稳的增长，分析其原因，我国经济社会各个领域均不断向信息化、数字化方向发展，政府出台大量政策扶持信息技术产业发展，同时国内巨大的市场需求空间也为新一代信息技术产业的发展提供了强大动力。以华为、腾讯、百度等为代表的软件与信息技术企业在过去数年间不断加大技术研发投入，吸纳世界各国技术人才，提高基础研发能力，在多个行业领域进行战略布局，尤其是华为主导的 5G 信息通信技术已经处于国际领先水平，实现了我国在全球新一代信息技术产业领域的"弯道超车"。

汽车制造业在 2017 年以前变化速度状态 $s_v^i(t_j,t_{j+1})$ 均为正值，2017—2020 年，变化速度状态 $s_v^i(t_j,t_{j+1})$ 为负值，变化速度趋势 $\varphi(a_{ij})$ 则呈现波动变化，主要原因是在国家"双碳"政策和激烈市场竞争的双重压力下，传统燃油汽车制造商纷纷转向新能源汽车领域，对企业对传统燃油汽车投入减少、对新能源汽车投入增加，引起了产业结构的周期性调整，多种因素共同抑制了产业变化速度状态的增长。

生物医药及高性能医疗器械产业与专用设备制造业的变化速度状态与汽车制造业相反，其中专用设备制造业在 2015 年以来变化速度状态值 $s_v^i(t_j,t_{j+1})$ 均从负值变为正值，且变化速度趋势 $\varphi(a_{ij})$ 逐渐稳定在数值 1 以上，生物医药及高性能医疗器械产业在 2017 年以来，变化速度状态值

$s_v^i(t_j,t_{j+1})$ 均从负值变为正值,且变化速度趋势 $\varphi(a_{ij})$ 逐渐稳定在数值 1 以上,主要原因是我国这两个产业的发展起步较晚,虽然国家的产业政策层面大力支持产业发展,但由于基础研发实力薄弱,技术积累不足,且产品研发周期长,因此,之前一直处于减速状态。近几年,随着对自主可控装备需求日益旺盛,装备制造企业在产业研发投入方面大幅增加,各级政府也通过专项科技计划为产业创新注入强大动力,带来产业变化速度状态值逐渐提升,发展势头逐渐转好。

铁路、船舶、航空航天和其他运输设备制造业的变化速度状态值 $s_v^i(t_j,t_{j+1})$ 与变化速度趋势值 $\varphi(a_{ij})$ 均呈现波动变化,这些行业作为事关国民经济发展的关键领域长期受到政策扶持,并且目前的发展状态相对稳定,并且在航空航天领域正在形成全面赶超。

2.1.3 中国先进制造业创新追赶的现实困境

通过对 5 个典型先进制造业创新追赶态势评价,能够基本展现目前中国先进制造业追赶的情况。总体来看,中国先进制造业处于"领跑、并跑、跟跑"叠加阶段,新一代信息技术产业、生物医药及高性能医疗器械产业、专用设备制造业、汽车制造业、铁路船舶航空航天和其他运输设备制造业取得了进步,但依然面临一定的现实困境。

第一,核心技术"卡脖子"问题尚未根本解决。态势评价结果显示,新一代信息技术产业每年的增长幅度越来越大,且幅度的增长量越来越多,但在高性能显卡、操作系统、工业软件等环节并未真正实现自主可控,对外依赖度依然较高。随着美国加速实施国家主导的对抗性产业政策,中国先进制造业领域的"卡脖子"问题进一步凸显,对自主可控关键技术与设备的呼声越来越高。除了新一代信息技术产业,高端医疗器械、航空发动机、重型燃气轮机等装备制造同样被"卡脖子"。总体来看,中国先进制造业领域核心技术"卡脖子"依然存在,并且由于这些复杂产品系统的突破不可一蹴而就,因此这种追赶态势将会存在较长时期。

第二,创新驱动追赶动力尚未真正形成。在廉价土地和劳动力要素驱动下,中国先进制造业取得了高速发展,然而现阶段,随着要素价格的提高,中国制造业的成本优势逐渐减小,为应对这一变化,早在 2012 年党的十八大就明确提出"科技创新是提高社会生产力和综合国力的战略支撑，必须摆在国家发展全局的核心位置。"2016年5月，中共中央印发了《国家创新驱动发展战略纲要》，系统推进从劳动力、资源、能源驱动向创新驱动转型发展。当然，发展动能转换过程需要一定的时间，从中国先进制造业创新追赶态势评价结果来看，5个典型产业的创新"态"值和"势"值均不高，创新人才、基础设施、创新环境等系统性推动产业转型的动力并未完全释放。

第三，创新追赶机制尚未梳理清楚。先进制造企业、高校、科研院所、政府等不同利益相关主体应该在创新生态系统中发挥不同的作用，从中国先进制造业创新追赶态势来看，不同主体的定位与作用依然不是十分清晰。一方面，从发明专利数量来看，5个典型产业的发明专利大部分集中于高校，反映出高校扎实的基础研究能力，但也能够看出制造企业基础研究能力的不足，以企业为主体的产学研合作体系尚未建成。另一方面，企业与高校、科研院所的合作研究偏少，高校服务企业的能力有待提高。应该看到，先进制造产业存在大量新材料、高端装备与设备被"卡脖子"，创新追赶相关机制亟待进一步完善。

2.2 中国先进制造业创新追赶面临的机会窗口

尽管面临多方面的现实困境，中国先进制造业依然存在多个方面的机会窗口。尤其面对百年未有之大变局，中国先进制造业已经奠定了良好的追赶基础，并且拥有举国体制优势和超大市场规模优势。因此，无论技术、市场还是制度维度，中国先进制造业都拥有创新驱动追赶的机会窗口。

2.2.1 技术机会窗口

1. 数字技术驱动的机会窗口

以数字技术应用为主导的数字经济作为一种全新的经济形态，正在蓬勃发展。现阶段，数字技术包括大数据、人工智能、云计算、5G 等各类信息技术，数字技术的智能高效特征可以提高先进制造企业的产品质量和生产效率，提升企业在价值链中的地位，从而提升企业的自主创新能力，推动先进制造业发展。我国各级政府高度重视数字技术的发展，并且在数字经济与实体经济融合方面出台了大量的支持政策，应该看到，以智能制造为主攻方向的先进制造业代表了制造业未来发展的方向。

从全国整体情况来看，数字基础设施作为智能制造的重要支撑，发展势头迅猛。工信部的统计数据显示，截至 2022 年 8 月末，全国 5G 基站总数达 210.2 万个，占移动基站总数的 19.8%，预计 2023 年和 2025 年国内 5G 基站数量将分别达到 252 万站和 364 万站。工业互联网标识解析体系基本建成，具有一定行业和区域影响力的工业互联网平台超过 150 家，其中重点平台的工业设备连接数超过 7900 万台、工业 App 数量 28 万余个。这些数字基础设施将进一步促进数字技术与先进制造业深度融合，助力中国先进制造业生产设备数字化率、数字研发设计工具普及率、关键工序数控化率大幅提升，成为提高中国先进制造业国际竞争力的关键。

2. 国产化技术替代带来的机会窗口

在中美贸易摩擦背景下，西方国家为遏制我国先进技术发展，限制了对我国高端芯片、光刻机、操作系统等高科技产品的出口。习近平总书记在两院院士大会上强调"要加强原创性、引领性科技攻关，坚决打赢关键核心技术攻坚战"，这为国产化技术替代带来了重大机遇。各级政府在政府采购政策中专门增设针对国产产品类别。例如 2018 年 5 月，在《2018—2019 年中央国家机关信息类产品（硬件）和空调产品协议供货采购项目征求意见公告》中，增设了"国产芯片服务器"这一新的类别。无论航空发动机、操作系统还是高端芯片，几乎所有复杂产品都需要在大量实践中反复迭代才能不断成熟，领先国家的复杂产品系统也是在经历了无数次失败与实践应用后才得以发展的，政府的大力支持将为高端领域的国产化产品提供了巨大的国内市场空间，尤其政府采购和保护型产业政策，能够对操作系统、工业软件等底层技术的快速迭代发展产生至关重要的影响。

2.2.2 市场机会窗口

1. 双循环新发展格局带来的机会窗口

在西方国家逆全球化、保护主义上升的背景下，我国提出以扩大内需为战略基点，加快构建以国内大循环为主体、国内国际双循环相互促进的新发展格局。这意味着未来很长一段时间内，先进制造业所面临的市场环境将发展根本性转变。从构建国内大循环的角度来看，目前我国正处于产业转型升级的关键时期，消费升级趋势十分明显，传统、落后的制造业产品将逐步被先进、智能的新产品所取代，广阔的国内市场空间加速了先进制造企业的产品创新与模式创新，成为推动企业创新的关键动力。从构建国内国际双循环的角度来看，注重国内市场机会并不意味着放弃国外市场与对外合作，相反，先进制造企业应该在做好国内大市场的前提下参与国际市场竞争。总体来看，构建双循环新发展格局在推进先进制造业供给侧结构性改革、提升供给质量和供给水平、促进先进制造业高质量发展等方面形成了新的机会窗口。围绕双循环新发展格局形成的市场机会加速了对高端机床、医疗装备、智能机器人等产品的需求，这都成为国内先进制造企业创新追赶的不竭动力。

2. "一带一路"倡议带来的机会窗口

"一带一路"是我国重要的对外开放战略，习近平总书记在"一带一路"合作峰会上提出构建"21世纪数字丝绸之路"的倡议，伴随中美贸易摩擦长期化趋势，加强与"一带一路"沿线国家的合作愈发重要。在数字技术的加持下，我国能够实现基础设施与沿线国家的互联互通，提升各国资源配置效率，作为全球工业体系最完善的国家之一，进一步扩大中国制造在"一带一路"沿线国家的影响力，推动我国先进制造产业"走出去"具有重大机遇。

2.2.3 制度机会窗口

1. 创新驱动发展战略带来的机会窗口

先进制造业作为《中国制造2025》的核心，是我国《第十四个五年规划和 2035 年远景目标纲要》的关键组成部分，更是我国制造强国战略目标实现的重要抓手。党的十八大以来，为进一步推动经济社会发展的质量变革、效率变革与动力变革，我国启动并加快实施创新驱动发展战略，提出了明确的阶段性目标和科技创新支持计划，在持续加大市场化改革的基础上充分发挥举国体制的引领作用。党的二十大报告进一步明确了创新驱动发展战略是我国需要长期坚持的国家重大战略。这些都为中国先进制造业关键核心技术突破、市场价值创造与创新环境的持续优化创造了条件。"十四五"期间，创新驱动战略的持续推进与深入实施将为中国先进制造业创新追赶注入强大动力。

2. 国家科技自立自强战略带来的机会窗口

中美贸易摩擦使我国部分先进制造领域面临关键技术长期封锁的状态，国家"十四五"中长期发展规划已经把实现科技自立自强作为我国经济社会发展的重要战略支撑，尤其在人工智能、生物医药、高端装备、网络通信等与国计民生息息相关的关键领域，要进一步加强科技自立自强与自主可控。在宏观战略引导下，整个创新资源的配置导向将发生根本性变化，面向世界科技前沿、面向经济主战场、面向国家重大需求、面向人民生命健康的一系列问题受到了高度关注与前所未有的重视，成为先进制造业创新追赶创造的重要机会。

2.3 中国先进制造业创新追赶关键要素识别

中国先进制造业面临后发赶超的重大机遇，系统分析创新追赶涉及的关键要素，并探究其作用关系，一方面有利于认识和掌握创新追赶基本规律，抓紧追赶过程中的关键变量，把握追赶过程中的关键问题，另一方面能够为追赶路径的系统性设计提供依据并奠定基础。

创新生态系统视角为审视先进制造业创新追赶过程中的关键要素提供了全新的理论框架，基于系统的网络结构思路，将先进制造业创新生态系统刻画为一个"横纵网络结构"，其追赶过程就是这个网络结构中的关键节点与重要活动的动态演变过程。从横向来看，先进制造业追赶过程主要涉及技术研发、生产制造与市场营销三个主要活动，不同活动又包含了多个细分环节，这些环节彼此相互联系，构成先进制造业创新生态系统的横向结构；从纵向来看，先进制造主要活动是技术创新与价值创造，由此形成两条贯穿不同横向层级的纵向链条。基于此，构建中国先进制造业"横纵网络结构"，如图2.2所示。中国先进制造业创新追赶过程是创新生态系统从无到有再到优的动态发展过程，这个过程中技术创新链与价值创造链均发生了更替，并且技术创新链与价值创造链不同环节间的关系呈现动态变化。

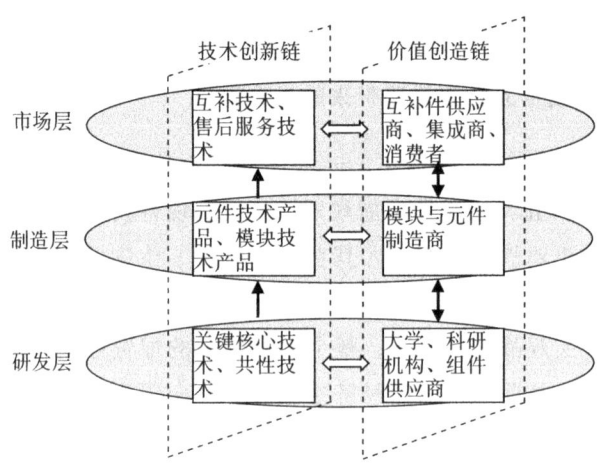

图 2.2 中国先进制造业横纵网络结构

2.3.1 技术创新链维度

通常认为，技术并不仅仅以物质形态存在，同时还蕴含在技术所有者或组织所掌握的诀窍、惯例和程序当中。技术创新链是为达到产品功能、性能以及可靠性的要求，所需要的一系列核心技术与支持技术所构成的技术链条。对于先进制造业来说，制造企业、高校、上下游供应商等均参与了技术创新活动，单一环节的技术突破无法形成产业整体的追赶超越。从生态系统角度来看，先进制造产业技术创新链并非简单的相互叠加，而是以技术生态的形式呈现，并由核心技术体系和支持技术体系两部分组成。一般情况下，后发者对先进制造技术的引进能够帮助它们迅速积累技术知识，但无法从根本上提高核心技术体系薄弱的问题。比如中国高铁列车的技术引进在学者路风看来更像是一种"资金换技术"，并非是中国高铁列车实现追赶的决定性因素，因为外方并未有把设计原理知识直接传授给中方技术人员。大多数情况下，直接的技术引进降低了产业研发风险，能够快速提升产业制造实力，尤其对支持技术体系的快速建立起到重要作用，但无法从根本上扭转核心技术体系能力薄弱的情况。相反，如果后发者过度依赖先进制造技术的引进，很容易陷入"引进—消化—吸收—再引进"的恶性循环。

先进制造领域涉及大量复杂产品系统的开发与生产，整个技术链条相互嵌套并且形成非常复杂的作用关系，不同类型技术在复杂产品中发挥着完全不同的作用，从中国先进制造业技术链构成来看，核心技术体系包括架构技术和元件技术，其中架构技术决定了先进制造领域的产品性能与组合方式，是将产品功能模块和物理模块相互联系在一起，实现产品功能向物理部件分配的一种系统方案，主要决定产品实现何种功能以及功能之间的优先级排序，通过将确定的产品功能模块分派给不同的物理模块，从而确定模块的类型与数量、结构形式与尺寸以及性能参数，这些不同的物理模块将通过支持技术体系得以实现。元件技术通常是为了实现特定功能而开发的系统方案，通常是产品物理功能的实现载体。

支持技术体系包括基础技术和互补技术，其中基础技术是支持核心技术体系的基本原理性知识，主要解决技术科学性问题，而互补技术的范围更加广泛，那些能加速核心技术市场化推广应用的相关技术都属于互补技术。以VCD/DVD播放机为例，架构技术包括系统控制软件、子系统间的接口等，元件技术主要是机芯和解码芯片，基础技术是光存储和数字图像信号压缩技术，互补技术主要是光盘及其制备技术。所有技术都是通过零部件进行物理承载，这些部件之间的组合方式决定了产品的整体性能。一般情况下，技术创新链中最落后的技术往往决定了整个产业的技术水平，尤其对于事关国家安全、产业安全的先进制造业而言，只有不断的补足短板，才能逐步提高整个产业的综合技术能力，实现对领先者的追赶。

2.3.2 价值创造链维度

创新生态系统的培育与成长过程是承载更多顾客让渡价值的创新性产

品与服务的过程，满足市场需求成为了先进制造业能够持续追赶的基础。市场需求拉动的作用实质上是通过市场反馈影响先进制造企业的价值创造方向和价值分配关系，进而影响价值采用结构，并在一定程度上塑造先进制造业追赶过程。根据市场需求差异，可将价值创造链的更替动力分为显性市场需求拉动和潜在市场需求拉动。

就显性市场需求而言，确定的目标用户需求为先进制造企业及其产学研技术合作提供了明确的创新方向，也拉动了系统结构的进一步完善。首先，国家重大需求导向下，显性市场需求的满足需要先进制造企业设计完整的用户方案，不仅要求核心技术的持续优化，还需要配套组件技术的不断改进，进而通过范围经济与规模经济的共同实现来满足用户的产品需求。其次，显性市场需求往往呈现多样化特征，这需要先进制造企业不断吸收多领域主体，吸收各类前沿技术知识，并通过核心技术平台来促进隐性知识和显性知识的流动，实现复杂产品系统多领域技术的交叉融合，进而完成主流需求的全面拓展。

对于潜在市场需求而言，由于先进制造业存在大量复杂产品系统，其技术创新活动具有高度的不确定性，使得目标市场也存在不确定性和潜在性，尤其在多个"卡脖子"领域，需要进一步挖掘可能出现国产替代机会的潜在市场，这些潜在市场会对先进制造业追赶产生拉动作用。首先，外部环境变化与宏观战略共同加持下，当市场需求越来越难以通过原有的创新生态系统获得满足，会推动新的创新生态系统形成。其次，随着关键核心技术的突破，技术体系不确定性降低，潜在市场需求特征开始明确并逐步发挥市场拉动、促进新创新生态系统成长的作用。最后，模糊的市场需求也会对先进制造企业产生强烈的吸引力，核心主体可通过激发市场需求潜力，进一步吸引多样性主体参与新创新生态系统，并实现创新追赶。

2.3.3　创新追赶关键要素关系

从技术创新链维度来看，先进制造领域的产品大多为多种组件与元器件构成、具有高集成性的复杂产品。作为技术和知识的物理载体，先进制造业技术体系环环相扣最终构成了产业技术创新链。不同属性技术在产业技术创新链中具有不同的形态与作用。同时，先进制造业创新追赶的重点是技术能力逐步提升，不断缩小与领先者的差距，而产业技术创新链作为产业创新生态系统的核心，提升整条产业技术创新链的能力，是先进制造业实现创新追赶的关键。因此，依据技术在产业技术创新链中的表现形态与功能作用，基于模块化思想，将先进制造业技术创新链划分为核心技术模块与支持技术模块，其中核心技术模块包括架构技术与元件技术，支持技术模块包括基础技术与互补技术，并将这四种技术看作影响先进制造业创新追赶的关键要素。

从价值创造链维度来看，创新主体会根据主体优势互补原则进行创新任务的分配，使主体结合自身的优势资源致力于特定的技术创新活动，进而降低创新风险，这种在技术创新活动中形成的合作关系同时意味着价值共创关系的建立，并且这种价值主体之间的共创关系会伴随着技术间的依存关系而发生动态变化。为保障技术间依存关系的持续性，不同主体应进行相应的价值投入。同时，为避免可能产生的制造或运营风险，价值主体间需要建立以明确架构规则为纽带的互动协同关系，明晰价值主张、价值转移渠道和价值分配方式，保障创新过程中的个体利益和系统整体利益。先进制造业各个创新主体之间的合作始终贯穿于新创新生态系统培育、壮大以及与领先者创新生态系统进行更替的动态过程之中。因此，中国先进制造业创新追赶过程中技术创新链与价值创造链相互影响并产生交互作用关系，共同构成影响先进制造业创新追赶的关键要素，要素构成与作用关系如图 2.3 所示。

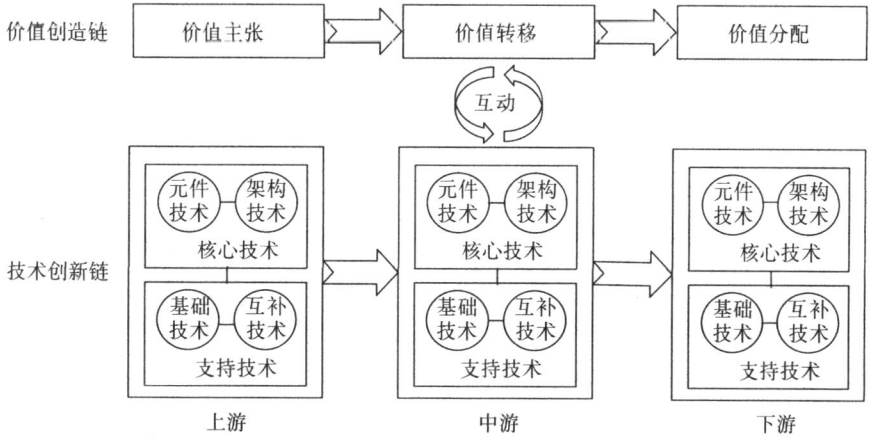

图 2.3　先进制造业创新追赶关键要素及其关系

具体而言，第一，在技术创新链中，核心技术模块是先进制造技术产品化的关键，核心技术模块的特点主要包括研发周期长、研发投入高、技术复杂程度高、知识缄默性强等，因此核心技术短时间内不容易被人模仿和超越，在产业技术追赶过程中会对技术范式的发展起到关键控制作用。

第二，架构技术是根据产品最终所要达成的功能向构成产品的物理部件分配的解决方案，架构技术能够组合和连通产品物理部件，使多种物理部件统一成整体，在技术产品化的过程中将产品创意或构想转化为产品元件的组合，架构技术的创新就是通过改变物理部件间的连接方式从而实现产品创新。一般情况下，架构技术可以解决三类问题，一是确定性能，二是将确定的产品性能分配给物理部件，三是确定物理部件间相互的作用方式。

第三，元件技术是实现产品特定功能的组成部分，是决定产品竞争力的主要材料或部件，核心技术模块中的元件技术是核心元件的研发设计与制造技术，是通过改变多种影响因素或变量进行小规模试验或模拟，所最终形成的原理、技术路线或方法。通常认为，元件技术主要包含元件设计技术、元件测试技术、元件制造技术。

第四，与核心技术模块相比，支持技术模块具有一定的不可控性与外生性，它在一定程度上影响着核心技术模块，并且对产业技术范式产生重要影响。一般情况下，支持技术模块内嵌于主导设计当中，并且是那些长期存在并被广泛认同的技术知识，包含与产品有关的技术标准、基础科学知识以及应用科学知识等。其中，基础科学知识是以公式、定理等形式存在的科学原理，通常以论文、著作、报告等形式作为载体，应用科学知识是将基础科学知识产品化的桥梁，实践中可以通过判断具有发展前景的基础科学知识，并将其转化为元件技术和架构技术，以达到技术产品化的目的。

第五，互补技术的内容比较广泛，它是为了达成最终的生产目标，支持和保障产品核心技术的其他技术集合，互补技术是那些在产业技术体系中与核心技术形成互补作用关系的相关技术。创新生态系统中核心技术与互补技术是两种重要的开发策略，尤其对于后发者而言，一些选择率先进行核心技术开发的后发企业尽管面临巨大困难，但往往也能够从创新中获得巨大收益。例如中国高铁在2004年开始大规模技术引进时，中央政府将本应投向自主研发的资金投向了国外技术的国产化研发,使得一些自主研发项目被迫搁置或停止,但一批机车企业并未放弃自主研发,克服困难坚持投入,其中株洲电力机车厂 2001 年自主研制的分散型电动车组"中原之星"竣工后被迫停用,但株洲电力机车厂依然坚持电动车组的自主研发投入,为后来复兴号列车的诞生奠定了坚实的基础。试想一下,如果当初这些企业把资源全部投入引进消化吸收,具有完全自主知识产权的中国列车可能无法在短时间内突破。

2.4　中国先进制造业创新追赶动因与追赶周期

当前,中国先进制造业面临的内外部环境正在剧烈变化。从外部来看,中美贸易摩擦与关键核心技术"卡脖子"使得中国先进制造业实现高质量发展面临的复杂性、动态性、风险性与不确定性大幅增加,逆全球化和供应链断链风险加剧,并且外部环境变化之快、影响范围之广远远超出人们的预计。从内部来看,先进制造业的自主创新能力体系尚未完全形成,关键领域的对外依存度依然较大,不同产业领域的情况差异巨大,科技创新生态环境有待进一步完善。追赶动因与追赶周期的研究有利于进一步理清中国先进制造业创造追赶中的源头性因素,深化对中国先进制造业追赶规律的认识,从而设计更加科学的追赶路径。

2.4.1　中国先进制造业创新追赶动因

按照追赶动因的来源不同,中国先进制造业创新追赶受到外部驱动力和内部驱动力的综合作用。结合 2.3 节中关键要素识别结果,内部驱动力包括技术创新和价值驱动,外部驱动力包括政策引导,而创新追赶面临的阻力主要是贸易摩擦与关键技术"卡脖子"。将物理学中受力分析方法引入到对中国先进制造业创新追赶的动因分析中,得到创新追赶过程中的受力情况,如图 2.4 所示。从追赶过程视角可以看出,不同类型的因素相互交织,通过共同作用加速中国先进制造业创新生态系统培育、发展、更替的动态过程,从而实现了创新追赶与超越。

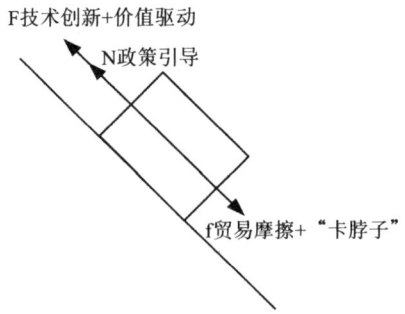

图 2.4 先进制造业创新追赶过程的受力分析图

1. 技术创新

历史经验已经说明先进制造业关键核心技术是买不来、换不来的,现阶段面对很多先进制造领域存在的技术瓶颈问题,唯有通过自主技术创新才能解决。一部分先进制造企业已经走在了自主创新的前列,还有一些企业正在抓紧推动先进制造业自主创新。总体而言,技术创新始终是推动我国先进制造业创新追赶核心动力,并且不同的技术创新环境会对先进制造企业的创新追赶产生多重影响。

一方面,随着中国先进制造企业对自主创新的高度重视和关注,越来越多的企业选择通过高水平产学研合作推动技术研发,并且国内一流大学拥有大量的高端智力资源,培养了一大批卓越的科研人员,这些人力资源成为先进制造企业开展技术攻关的骨干力量,并且良好的创新氛围激励这些科研人员深入开展技术研发,从而加速了先进制造企业的自主创新步伐。另一方面,国际技术创新环境的恶化会倒逼中国先进制造业进行关键技术攻关,尤其面对国外技术封锁、高端人才短缺、关键零部件进口受限等因素造成技术创新链断裂与缺失,将进一步加速先进制造企业自主创新活动。同时,新型举国体制作为我国特殊的制度优势具有集中力量办大事的典型特征,在先进制造业共性技术与"卡脖子"技术攻关方面具有显著优势。总之,面对多发的国际技术争端,中国先进制造业的技术创新最终应与外界技术环境达到和谐共处的动态平衡,并根据技术环境的变化不断调整技术创新方向与轨道,若产业的技术创新方向与技术环境产生冲突,那么就会被抑制，同时会促进适合技术环境的技术范式产生并演变为主导范式，从而实现产业技术的不断创新与发展。

2. 价值驱动

整体来看，中国先进制造业各个领域的全球市场占有率普遍偏低，例如 2021 年航空航天产业全球市场占有率为 8%，生物医药及高性能医疗器械产业占有率为 7.5%，半导体设备产业占有率仅为 4%。这就为扩大市场价值驱动产业追赶提供了广阔的空间，并且以用户需求为导向，加速大规模定制化模式变革成为先进制造业实现创新追赶的关键。

从国内市场来看，庞大的市场规模和消费升级趋势为先进制造业的创新追赶提供了丰富的应用场景和空间，用户深度参与价值共创在高端装备制造、生物医药制造、船舶制造等众多先进制造领域成为趋势。从国际市场来看，激烈的市场竞争为我国先进制造企业提升技术能力创造了条件，愈发严格的贸易管制和市场准入制度驱动我国先进制造业以更快的速度、更高的质量实现产品创新。总体来看，在快变市场时代，顾客价值主张更加多元，市场稳定状态很难持续，变化已然成为常态，市场环境的高动态性会驱动产业商业模式创新的速度与强度，若想谋求生存与产业可持续发展，提高国内外市场信息的获取能力，加强前沿市场预测与主动开拓，保持新技术与新工艺的持续创新能力十分必要。

3. 政策引导

作为全球最大的新兴经济体，中国政府在先进制造业创新生态营造与创新追赶过程中发挥着不可忽视的作用，政府引导成为中国先进制造业创新追赶的重要驱动力。首先，由于先进制造业所具备的复杂产品特征，政府所构建的保护性市场与颁布的产业发展培育政策成为新兴经济体成功追赶的关键。相较于西方国家的产业政策而言，中国特色社会主义市场经济的制度优越性使得中国政府能够在极短的时间内动员创新资源开辟新市场，这种通过制度优势创造新市场的模式可以称为制度型市场，这种制度型市场能够在一定时间内维持先进制造业的竞争优势，并在短期内出现产业规模的爆发式增长。其次，从具体的政策工具类型看，政府会通过政府采购、政府引导市场需求或直接创造需求，从需求端对产生创新进行强烈的刺激，鼓励先进制造业的快速追赶与发展。例如原铁道部作为中国高铁列车市场的唯一买家，在高铁列车技术引进和自主创新阶段，与机车制造企业共同提出列车标准，并直接投入近百亿资金进行高铁列车动车组的引进，这些引进的动车组为我国高铁列车的自主研发奠定了基础。同时，政府对先进制造业进行研发补贴与税收减免，有效降低了产业技术创新的压力，提高先进制造企业研发投入的积极性，从而加快创新追赶。最后，由于先进制造业技术领域众多，政府政策具有一定的差异化和精准性。例如，针对集成电路、5G、人工智能等领域，我国出台了大量专项支持政策，并且注重发挥举国体制优势，取得了较好的政策效果。

4. 贸易摩擦与"卡脖子"

美国多次对《中国制造2025》提出批评，同时对改革开放以来实行的"引进—消化—吸收"战略指责颇多，从2018年美国发动对华制裁开始，美国的焦点正在从贸易失衡转向技术转移，当前中美科技合作的基本逻辑发生了根本性转变，美国将通过一系列长期措施阻止中美技术、数据、人才等方面的自由流动，从而限制中国制造业的快速追赶。总体来看，贸易摩擦已经对中国汽车制造、信息通信、集成电路等领域产生深远的影响，尤其动用美国国家力量对中国芯片产业进行全方位制裁。例如2022年8月，美国政府出台第一轮《2022年芯片与科学法案》，其中不少条款明确限制有关芯片企业在中国开展正常经贸与投资活动。2022年10月14日，拜登政府在芯片法案上继续升级，明确规定禁止任何美国工程师或科学家，在未经特别批准的情况下帮助中国制造芯片。作为众多被"卡脖子"的技术领域之一，芯片产业的追赶之路十分漫长，但不可忽视的是新型举国体制的制度型力量。尽管贸易摩擦与"卡脖子"暂时阻碍了中国先进制造业创新追赶步伐，但某种程度上这种外部阻力进一步刺激了中国先进制造业自主创新与自立自强的决心，反而可能加速产业追赶步伐。

2.4.2 中国先进制造业创新追赶周期

中国先进制造业创新追赶是一个长期动态的过程。不同时期后发产业拥有的技术能力、技术资源储备以及其所面对的竞争环境和市场需求等都会有所不同，理解不同追赶阶段的产业形态，对于指导先进制造业创新追赶具有重要意义。

从内涵来看，中国先进制造业创新追赶是不断培育和发展创新生态系统，并缩小与领先者创新生态系统性能差距，直至实现齐头并进或者超越领先者的过程。众所周知，领先者由于进入时间早，技术成熟度高，主导技术范式已经形成，因此在先进制造领域构建了较高的技术壁垒，而后发者尽管拥有良好的资源和产业基础，但由于技术起步晚，技术基础薄弱，若想实现对领先者的追赶甚至超越，通常有多种选择。其一是以比领先者更快的技术进步速度进行追赶，即后发者要摆脱技术增长长期低于领先者的状态。韩国创新经济学者 Lee Keun 提出了一个标准化追赶周期模型来描述这种追赶路径，并将追赶周期划分为进入阶段、追赶起步阶段、追赶跨越阶段和落后阶段，如图2.5所示。其二是选择与领先者完全不同的技术范式，从而颠覆领先者，实现"换道超车"，但是这种范式对于先进制造领域而言存在极大的不确定性，尚未得到广泛认同。

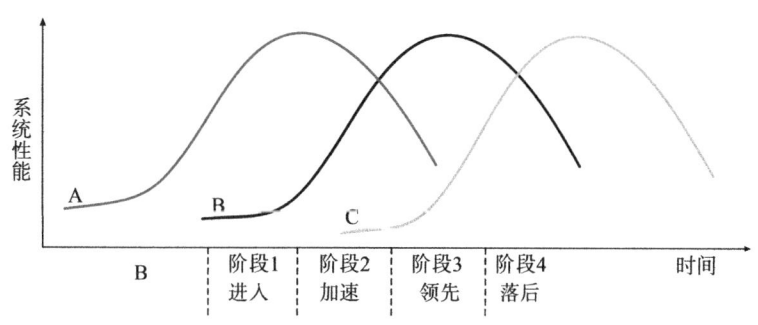

图2.5 标准化追赶周期模型

需要注意的是，这个标准追赶周期模型在数码相机、移动电话、钢铁、红酒等大规模制成品行业得到了验证，然而数控装备、高铁、核电等先进制造行业与大规模制成品行业截然不同，其产品复杂程度更高、技术难度更大、技术主导设计的先占优势更明显。这些都导致先进制造业追赶需要的时间周期更长，每个阶段的跨越难度更大，因此大规模制成品行业与先进制造业标准追赶周期的比较如图2.6所示。

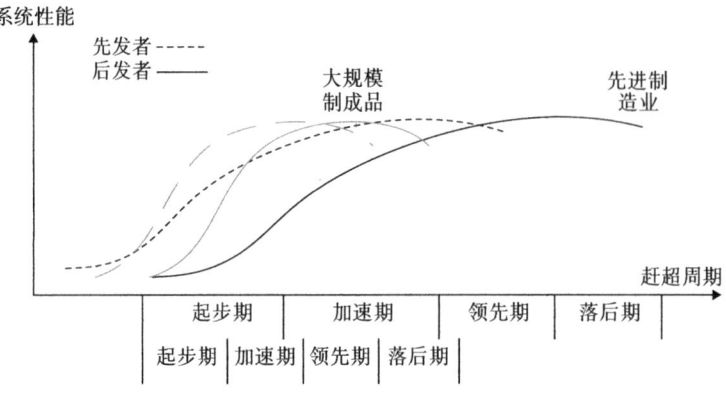

图 2.6 标准追赶周期的比较

分阶段来看，中国先进制造业创新追赶的目的是实现对美国、日本、德国等领先国家的超越，因此无论哪个产业细分领域，都需要政府、先进制造企业、大学、研究机构、供应商等组织围绕具体技术目标进行协同合作，培育形成先进制造业创新生态系统，并保持系统性能的持续提升。与大规模制成品行业相比，先进制造领域的产品创新对企业技术能力提出了更高要求，同时技术能力的积累并非能够一蹴而就，而是需要很长的时间积淀。

1. 起步期

后发者能否进入先进制造领域与其所具备"初始条件"和"生态系统因素"的水平有关。其中，初始条件一般与要素禀赋有关，包括土地、劳动力、自然资源、法律制度、发展历史等，这些条件是后发追赶的基础，可能形成基于要素优势的追赶形态，但随着工业化进程的加速，传统要素的价格大幅上涨，仅凭借优势的传统要素无法支撑先进制造业可持续发展。例如中国最早的工业布局主要集中于东北地区，这是由当时的历史条件所决定的，直至今天，东北老工业基地在高端电力装备、大型汽轮机组、航空装备等领域依然具有雄厚的基础，可是由于创新人才、技术等要素投入不足，目前东北老工业基地先进制造业陷入后发追赶困境亟待突破。生态系统因素所包含的范围比较广泛，后发者所构建的先进制造业创新生态系统中与技术研发、产品开发、生产制造等活动相关的互补性资产都属于生态系统因素，还有能够确保系统健康发展的公共政策。例如，改革开放初期，由于我国拥有大量廉价劳动力和土地资源，大量跨国公司选择进入中国建立制造工厂，我国一大批先进制造企业的早期积累就来源于对跨国公司的产业承接。

2. 加速期

后发者在先进制造领域具备一定技术积累之后，就会普遍采取技术模仿方式沿着领先者的技术路径进行自主开发，把成熟产品和工艺作为学习模仿的对象，借助消化吸收进行二次创新。例如全球移动电话行业的领导地位在14年内发生了三次变革，第一次发生在1998年，诺基亚推翻了摩托罗拉，第二次发生在2012年，三星取代诺基亚，第三次替代从2007年苹果发布第一款智能手机时已经开始，而我国以华为、小米为代表的智能手机品牌最早通过为国外巨头代工生产积累了经验，后来逐步建立自己的品牌。直至今天，在全球智能手机领域，我国自主品牌正在加速追赶，但领先者优势明显，赶超的难度越来越大。2021年三星占据全球智能手机出货量第一位，市场占有率为20%，苹果公司紧随其后，市场占有率为17.4%，小米公司排名第三位，市场占有率为14.1%。应该看到，当后发者在经历对领先者的快速追赶后，技术差距已经明显缩小，但距离技术前沿面仍有差距。此时资本的边际报酬逐步递减，后发企业的技术模仿与引进能力减弱，技术研发能力成为主导。对比快速追赶期的技术引进与模仿，此时的技术获取成本大大增加，一是由于技术独占性，先发企业对产业技术链中技术含量较高、越接近核心的技术采取更严格的限制性技术溢出手段；二是领先者通过高昂的技术购买价格对想要进行技术购买的后发者设置高成本壁垒，导致后发者的投资回收期变长，成本剧增。两种技术独占手段都对后发者继续进行技术模仿设置了壁垒。因此，此阶段的后发者需要进行突破式产品创新和渐进式工艺创新，逐渐对产业技术链中的支持技术与核心技术进行反向破解与学习，这就使得此阶段后发者的技术进步速率大幅提升。

3. 领先期

面对同样的机会窗口，后发者和领先者会表现出不同的反应，后发者积极的追赶策略能够加速追赶进程，但领先者及时的反应也进一步加大了后发者追赶的难度。因此，要想从加速期进入领先期，后发者必须具备自主研发与生产制造的能力，尤其当前中国先进制造多个领域由于技术引进形成了严重的"路径依赖"，自主创新能力尚未形成，难以进入领先阶段。对处于领先期的先发者而言，产业技术链中具有领先优势的技术与后发者的技术相比已经不具备技术差距，但由于"在位者陷阱"，领先者常常倾向于坚持现有的技术，并对新兴技术的采纳和使用保持谨慎的态度，因为企业现有的能力和投资都与旧技术有关。例如，从模拟技术向数字技术的转变为韩国电子公司提供了从日本公司手中夺取市场控制权的关键机会。换句话说，领先者总是容易忽视新技术或新产品可能具有的破坏性潜力，从而被后发者超越。对于后发者而言，通过加速期的自主技术创新与技术能力积累，已经完全形成了领先与超越的能力，此阶段只要抓住机会窗口，持续进行自主创新与产品研发，就可能实现对领先者的超越。

4. 落后期

创造追赶是一个周期性循环过程，后发者与领先者之间的位置总是处于相互交替的状态，保持经久不衰的竞争力对于领先者而言十分困难，即使后发者成为领先者，也难以避免被再次超越的可能，从而进入落后期。对中国先进制造业而言，广阔的市场前景和巨大的发展潜力可能加速产业进行超越领先阶段，但一旦进行领先阶段，可能面对后发者更猛烈的追赶，所以保持战略定力与敏感的市场嗅觉成为保持长期竞争优势的关键，因此如果后发者一旦由盛转衰进入落后期，短期内很难再次超越。

2.5 中国先进制造业创新追赶规律

中国先进制造业创新追赶的本质是后发者基于现有知识、技术的积累，通过打造创新生态系统，从而实现产品市场占有率提高与产业竞争力提升。从系统论的角度来看，后发者在先进制造领域的技术积累与生态系统的成长壮大都是系统能量不断增加的过程，只有后发者创新生态系统积蓄足够的系统能量，并且达到能量跃迁的临界点，追赶与超越才可能发生。为了更加深入的了解中国先进制造业创造追赶的规律，借鉴量子跃迁理论，构建创新追赶的玻尔原子动态模型，从更加一般性的视角审视创新追赶过程，有效解决现有研究过度依赖定性描述的问题。

2.5.1 创新追赶与量子跃迁的相似性

物理学中的量子跃迁是指微观粒子的能级状态发生跳跃式变化的过程，由于在微观世界中，量子的状态是独立的，这种跃迁过程发生之前量子所处的状态称为量子跃迁基态，跃迁之后量子所处的状态称为跃迁终态或末态。量子跃迁的过程包括了从低能态到高能态的正向跃迁，以及从高能态到低能态的负向跃迁。这与后发者与领先者之间发生的交替追赶过程十分相似。

量子跃迁模型被广泛用于物理、化学等多个领域，也有学者利用量子模型展开对知识创造的相关研究，量子跃迁模型在产业创新追赶研究中也同样具有适用性。首先，先进制造业的创新追赶过程是在特定作用力的影响下，产业旧技术、新技术以及环境之间不断进行能量互动的动态过程。类比量子跃迁基本规律，在先进制造业技术创新过程中存在着两种不同的技术状态，即静态技术和动态技术。其中，静态技术是指产业长期发展所积累形成的特定领域的全部信息与知识，是先进制造业进行技术创新的基础，可以称为"技术核"。动态技术相对静态技术而言，是指围绕静态技术，所创造出的完全不同于静态技术的或部分区别于静态技术的新技术，可以称为"技术电子"，这些技术电子是活跃的、不稳定的，存在于技术核的周围，通常可以认为动态技术是那些新兴技术或颠覆性技术。

众所周知，先进制造业的技术突破离不开创新主体与创新环境的互动，在互动过程中先进制造企业基于原有知识基础，通过创造、积累、形成新的知识体系，过往的追赶经验表明，外部环境的刺激作用有利于产生对原有知识的顿悟式理解，进而引起新知识的跳跃式产生。例如我国在2004年引进国外高铁列车原型，之后由原中国南车和中国北车等一批机车制造商负责系统性的消化吸收，这些企业的技术人员能够读懂外方提供的图纸，但外方并没有解释列车设计原理，而这种原理性知识才是自主设计的关键，这种情况下，我方技术人员总结出了自己理解原理性知识的方法论,其中中国北车集团的四方公司提出一个"三段论式"方法论,第一阶段叫"他们干我们看",此阶段完全在国外工厂生产动车组,国内员工到国外接受技术培训,参与机车组装与问题研讨;第二个阶段叫"我们干他们看",此阶段从国外引进动车组零部件,由国内企业中经过培训的员工带领自己的团队在国内车间完成组装,外方专家主要进行现场指导;第三个阶段叫"独立干",此阶段中国员工在国内独立完成全部生产流程与组装,并逐步用国产零部件替换国外进口零部件。这种对于引进技术的知识学习主要解决了高铁列车组的生产与装配问题,虽然这个学习行为过程是渐进性的积累过程,但增加了国内企业原理性知识的储备,一旦知识储备达到了技术突破的临界点,非稳定状态下的技术电子会通过知识的质变发生跳跃,即发生跃迁行为。

综合来看,先进制造业创新追赶过程与量子跃迁过程有四点相似性。

第一,面临外部环境刺激。微观世界中量子之所以会发生跃迁是由于受到了外部环境的刺激,比如光的刺激会引发带间光跃迁行为。光的刺激打破了原有量子所处的稳定状态,使在原子核周围做有规律环绕运动的电子脱离原本的运行轨道,发生跃迁行为,最终稳定在另一条运行轨道上。在创新追赶中,由于后发者与领先者之间存在技术差距,并且对于中国先进制造业而言,技术"卡脖子"使得我国面临产业安全威胁与供应链断链风险,这种复杂的外部环境不利于先进制造产业可持续发展,因此当原有产业发展环境受到破坏时,各类创造主体就会重新组织创新资源进行技术研发,原本存在于固定轨道的技术电子便会发生改变。例如在芯片领域,2022年8月美国颁布的《芯片和科学法案》,规定获得美方补助的企业十年内不得与中国或其他"令美国担忧"的国家进行任何"重大交易",该法案的目的是抑制中国芯片产业成长,但从目前中国芯片产业发展状况来看,该法案的出台可能在客观上加速了中国芯片产业的赶超步伐,因为为了适应新环境,中国芯片产业进行了系统性研发布局安排。

第二,系统能量动态变化。在量子跃迁过程中,当核外电子受到外界刺激时,会从低能量的初级轨道跃迁至高能量的高级轨道,从初态跃迁到终态的过程需要吸收能量,而当核外电子从高能级轨道回落至低能级轨道时,会释放多余能量,这种能量的吸收与释放在产业创新追赶过程中也同样存在。当先进制造业面临的外部环境改变时,各个创新主体为了适应新环境下的技术发展需求，需要不断的吸收、创造新知识和新技术，增加技术创新链之间的连接韧性，在技术复杂度、关联度、新颖度等方面实现突破，积累隐性知识与技术能量，进而实现技术轨道能级跃迁，在积累创造新技术的同时，产业技术创新链中原有的基础技术即核内静态技术会由于不适应新的轨道而被淘汰，从而实现自主创新技术对引进技术的替代，这种新旧技术创新生态系统之间的更替过程同量子跃迁过程中的能量变化具有极其相似的规律。

第三，技术元素间的相互作用。原子内的微观粒子运动是具有特定规律的，这是由于核外电子自身呈负电，原子核呈正电，正负电荷相互吸引使得核外电子保持在固定的轨道上运行。当受到外界刺激时，核外电子会吸收能量，能量的增加会改变核外电子与原子核间作用力的平衡，最终在原子核引力与核外电子的共同影响下稳定在某个特定的轨道上。在中国先进制造业创新追赶过程中，技术核是产业依赖的原有技术储备与积累所形成的静态技术，静态技术的应用范围越广泛，其对动态技术的吸引力就越大，使得动态技术越容易被吸引到技术核内成为静态技术；反之，动态技术活跃程度越高，当受到外界刺激时，其形成新技术形态的可能性就会越高，越容易脱离固有静态技术的影响，在这种相互作用下，自主研发技术与引进技术之间相互更替，从而实现了创新追赶。例如中国核电技术的自主研发之路充分体现了从引进吸收国外成熟核电技术到完成自主研发核心技术的过程，在改革开放之初"技术引进+自主创新"的战略引导下，通过对法国法马通 M310 核电技术的引进消化吸收，中国掌握了以 CNP1000 和 CPR1000 为代表的"二代+"核电机型，此后又一次引进 EPR、VVER、AP1000 等三代核电技术，自主研发形成中国三代核心技术"华龙一号"。

第四，全过程的"波粒二象性"。物理学家德布罗意提出"物质波"假说，认为一切微观粒子运动都同时具有波动性和粒子性，二者呈现此消彼长的状态，强调了粒子具有实体性与过程性的双重特征。"波粒二象性"通常伴随在产业创新追赶全过程，并且通过技术创新链中不同类型的技术所依托的传播载体得以呈现。具体来看，架构技术和元件技术通常具有可编码性，能够以数据、文字、图表的形式显示出来，进而在技术可自由扩散的环境下比较容易发生技术的学习与传播。这种具有显性特征的技术可称为"波式技术"。波式技术的新旧技术交替过程较快，多数呈直线发展状态，交替过程中新技术通过舍弃大量核内技术，冲破固有技术的束缚进而转化为新的技术形态。这种波动性的发生概率较小，且不易形成，一旦新旧技术实现交替，就会对产业原有技术轨道产生破坏式的冲击，形成新的技术范式。而先进制造业创新追赶中的粒子性出现在技术创新链中基础技术与互补技术的突破过程之中，基础技术与互补技术不同于显性技术具有可编码性，其技术知识的传播与扩散较为困难，可称为"粒式技术"。相比波式技术追求速度的创新，粒式技术的发展通常需要较长时间的积累，这类技术的创新过程多数呈曲线发展状态，更强调对已有创新成果的优化程度，会消耗大量时间与资源，也会大量增加核内技术的积累，对产业整体技术能力提升与创新追赶起到关键性作用。

2.5.2 产业创新追赶模型构建

通过上述分析可知，先进制造业创新追赶过程与量子跃迁过程具有相似性，这就为研究创新追赶机理提供了新的途径和新的方法手段支撑。基于量子跃迁的基本规律，采用模拟仿真方法研究中国先进制造业创新追赶过程中的各类变量及其相互作用关系，并通过具体产业领域的数值仿真进一步总结凝练中国先进制造业创新追赶规律，进而丰富产业创新追赶机理，是一项重要的创新性工作。

1. 理论假设

由于对产业创新追赶过程的认识来源于对已有追赶实践的归纳总结，是对创新追赶实践的一种理论化凝练，因此在构建产业创新追赶模型时，需要借助量子力学中已有的定理和公式，通过类比来描述新旧技术的交替与技术轨道跃迁过程。同时，为进一步降低假设模型的复杂程度，提高模型的可理解程度，需要对部分变量进行简化并加以控制。因此，将产业创新追赶中技术能级跃迁看作一次粒子运动，并根据先进制造业特征提出如下假设：

假设1：先进制造业技术创新链是由不同类型的技术共同形成，具体包括架构技术、元件技术、基础技术与互补技术，每种类型的技术都存在于自己的技术原子中,原子核内只存在一个技术核,该属性技术的固有静态技术能量能够不断积累,而动态技术电子则在稳定的技术轨道上绕静态技术核进行旋转运动,从而形成了相对稳定的技术体系关系。

假设2:具有不同活跃程度的技术电子在技术核外的不同轨道上运行,活跃程度越高的技术电子距离技术核的距离越远,技术核与技术电子所运行的轨道距离可称为"技术力程",当技术电子向高能级轨道跃迁时,技术力程也会增加。

假设3:先进制造业创新追赶的成功概率受到不同类型技术之间的相互作用影响,并与不同类型技术之间的组合方式有关。

假设4:先进制造业创新追赶过程中发生的技术创新活动是可量化的,并且可以通过创新过程中的相关投入与产出数据来衡量。

假设5:先进制造业技术创新链中不同属性的技术具有不同的表现形态,并且在每次技术跃迁中面临不同的临界点,技术触发跃迁行为所需要的条件以及最终稳定的技术轨道也各不相同,并且可以使用技术属性密度进行表征。

基于以上假设,构建中国先进制造业创新追赶的玻尔原子模型,如图2.7所示,以展示不同类型属性技术元素之间的相互作用关系,为技术跃迁规律的揭示奠定基础。

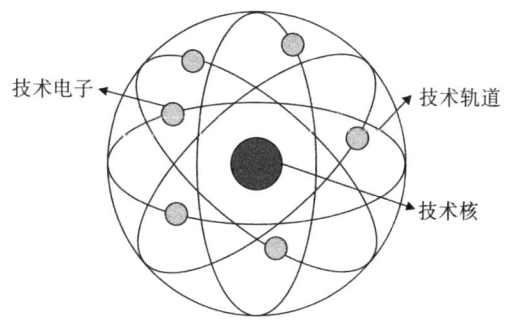

图 2.7 创新追赶的玻尔原子模型

由先进制造业创新追赶能级跃迁的理论假设可知,当产业受到外界环境变化刺激时,会改变先进制造业技术需求,如果这种技术需求无法被产业当前技术能力满足时,创新主体会通过技术引进、技术合作、联合开发等方式向外部主体寻求帮助,从而提高动态技术电子的活跃程度,刺激技术电子从基态向激发态变化，最终后发者的技术轨道发生跃迁，完成技术能力的积累。反之，若产业当前的技术能力能够满足新的技术发展需求，动态技术电子将趋向于维持在稳定状态，活跃程度较低，技术电子的运行轨迹会由于技术核的吸引力而处在固定轨道上，此时技术核的吸引力强于技术电子的创新力。由此可知，一方面先进制造业创新追赶时，需要通过技术创新不断把新知识和新技术元素引入原有技术体系，并打破现有技术元素之间的平衡关系，这个过程近似于粒子之间产生的向心力作用。另一方面由于客观存在的路径依赖与能力陷阱，原有技术元素之间依然存在某种吸引力，并且打破原有技术元素之间的关联需要更强的外部力量，这就近似于粒子之间的库仑力作用。因此，参照不同作用力之间的基本作用法则，将中国先进制造业创新追赶中的作用力表示为公式（2-1）和公式（2-2）。

$$F_1 = \frac{nv^2}{R_t} \tag{2-1}$$

$$F_2 = k \cdot \frac{Q_q}{R_t^2} \tag{2-2}$$

其中，F_1 表示技术创新力，F_2 表示技术吸引力，n 表示技术创新价值量，v 表示技术创新速度，R_t 表示技术力程，Q 表示技术核的技术量，q 表示技术电子的技术量，k 表示比例常量。

技术创新力与技术吸引力会对技术核外运动的技术电子同时产生动能与势能，并且在技术学习与积累过程中，由于路径依赖与思维定式的存在，会对技术电子的跃迁产生阻力，这种阻力很大程度上是由技术核对技术电子的吸引力所决定的。因此，为测度技术动能与技术势能的关系，引入匹配度系数，可表示为公式（2-3）和公式（2-4）。

$$E_m = I_m + V_m \tag{2-3}$$

$$\varepsilon = -\frac{V_m}{2I_m} \tag{2-4}$$

其中，E_m 表示系统的能量总和，I_m 表示技术创新动能，V_m 表示技术创新势能，ε 表示匹配度，m 表示轨道能级。相邻技术轨道之间所具有的能量差可表示为公式（2-5）。

$$\Delta E \geq E_m - E_{m-1} \tag{2-5}$$

当通过技术引进、联合开发等形式进行技术学习时，原有系统内的静态技术电子会进入活跃状态,可能发生从低能态向高能态的转变,并跃迁至高能级轨道,根据公式(2-1)和公式(2-2)可得到不同类型技术的能级轨道间隔,表示为公式(2-6)。

$$r = \frac{V}{2n^2v^2t} \tag{2-6}$$

其中,r 表示技术轨道间隔,V 表示后发者新技术的体积,t 表示创新追赶所用的时间。

创新追赶过程伴随各个技术维度的技术学习,因此不同的子技术领域会出现集聚现象,并且具备互补特性的技术之间更容易发生自发的集聚,这种技术之间发生的相互促进作用类似于量子在微扰轨道发生的自旋现象,可以称为"技术自旋行为"。与量子的自旋现象类似,在不同能级轨道上的技术电子的自旋周期会有所不同,根据公式(2-6)将技术电子的自旋周期表示为公式(2-7)。

$$T_R = \frac{Yq^2}{8\pi V_m \nu} \cdot m^2 \tag{2-7}$$

其中,T_R 表示自旋周期,Y 表示能级宽度。

假设 r 取技术轨道跃迁间隔的中值,根据公式(2-6)与公式(2-7)可得到技术能级宽度,可表示为公式(2-8)。

$$Y = 2r = \frac{V'}{n^2v^2t} = L^0 - (L-1)^{-1} \tag{2-8}$$

其中,L 表示跃迁次数。

根据相邻能级的能量差、能级宽度和轨道间隔,可以得到技术能级密度,可表示为公式(2-9)。

$$\rho(m) = \Delta E \cdot Y^{-1} = \Delta E \cdot 2r^{-1} \tag{2-9}$$

其中,$\rho(m)$ 表示技术能级密度。

先进制造业创新追赶过程中的每一次跃迁都是由不同类型技术的小跃迁组合而成,产业技术创新链上不同属性技术的独立技术跃迁在每一次产业整体技术跃迁中呈差异化促进作用。

为探究技术创新追赶过程中不同类型的技术在跃迁中的规律异质性,进一步参考量子跃迁规律,将 a_k^1 界定为跃迁发生的初始阶段技术在基态能级上的投影,$\varphi(m)$ 表示技术属性密度在不同类型的技术集合中的矩阵元。根据波函数的逻辑,认为 $|\varphi(x)|^2$ 是技术电子由基态向高能态跃迁的概

率,其中技术属性密度与不同类型的技术作用概率呈正相关,因此定义技术创新赶超空间域内所有技术矩阵元之和为1,根据量子跃迁角动量公式可得到不同技术属性密度的空间作用概率以及技术属性密度模型,表示为公式(2-10)与公式(2-11)。

$$P_\Omega(x) = \int_{r_{m-1}}^{m} |\varphi(x)|^2 V \qquad (2-10)$$

$$\mu = 2\pi tV \int_{T_{m-1}}^{T_m} F \cdot P(X) \cdot r^{-1} dE \qquad (2-11)$$

其中,$P_\Omega(x)$表示空间作用概率,μ表示技术属性密度。

2. 主要参数选取

参考已有研究,考虑数据可获得性,最终选择发明专利数据表征技术跃迁中的部分参数,并根据主要参数的物理学定义,类比形成中国先进制造业创新追赶能级跃迁动态模型中的主要参数,见表2.5。

表2.5 主要参数说明

参数	参数选取说明
技术核技术量 Q	上一次技术跃迁后授权发明专利累计数
技术电子技术量 q	上一次技术跃迁后至本次技术跃迁前授权发明专利累计数
技术创新价值量 n	最近一次技术跃迁前授权发明专利中被引专利比重
技术创新势能 V_m	最近一次技术跃迁前创新主体的新技术与新产品价值(亿元)
技术创新动能 I_m	两次技术跃迁间隔期内创新主体的累计 R&D 投入(亿元)
技术创新速度 v	授权专利的增长率

由于各个指标的量纲不同,因此为消除不同量纲的影响,首先将原始数据进行标准化处理。在产业创新追赶过程中,不同类型技术具有不同的技术属性密度,进而在技术跃迁中的空间作用概率不同。因此,判断先进制造业技术创新链中不同类型技术的技术属性密度时,先要对产业技术创新链中的技术属性进行识别与分类,并划分出架构技术、元件技术、基础技术和互补技术,再通过分析产业技术创新链每次跃迁中不同类型技术所占比例,得出技术属性密度,进而获得不同类型技术的空间作用概率。

3. 模型计算

目前缺乏中国先进制造业的官方统计数据,为进一步验证中国先进制造业能级跃迁动态模型科学性与合理性，考虑数据可获得性，选择中国汽车制造业的数据进行数值模拟与仿真。主要原因如下：第一，汽车制造业作为先进制造业重点发展产业之一，是《中国制造2025》的重点领域，同时汽车制造业涵盖了发动机、变速器、控制系统等众多技术领域，对生产流程与工艺的要求较高，同时汽车产品的集成相对较高。第二，汽车制造业经历了从传统燃油汽车到新能源汽车的技术范式变革，同时伴随着后发者与领先者地位的交替，符合从技术轨道跃迁中总结创新追赶规律的理论构想。第三，中国汽车制造业发展受到了外部环境的影响，一方面美国通过提高进口关税，限制了中国车企走出去，另一方面美国对中国实行技术封锁，严格控制对中国汽车企业的芯片供应，"缺芯"问题一度导致国内多家车企停产。

4. 数据来源

根据《中国科技统计年鉴》《中国汽车工业年鉴》以及智慧芽专利数据库，考虑到发明专利从申请到授权存在 18 个月左右的滞后期，因此收集中国汽车制造业 2001—2020 年的发明专利数据进行仿真。根据所获取的数据，绘制中国汽车制造业 2001—2020 年的技术核的技术量增长曲线，如图 2.8 所示。通过计算对时间的定积分，求得发明专利增长最快的年份，即为汽车制造业在 2001—2020 年的技术跃迁点，分别为 2003 年、2008 年、2012 年、2016 年以及 2018 年。

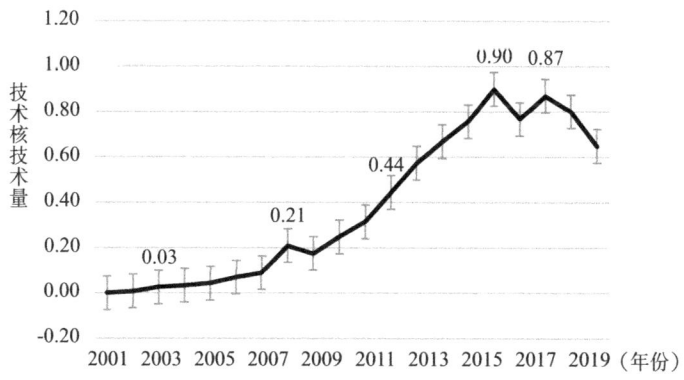

图 2.8　2001—2020 年技术核技术量走势图

可以看出，中国汽车制造业在 20 年间发生过五次跃迁，平均技术跃迁速度为4年/次,这意味着汽车制造业专利增幅每4年就可能出现一次快速增长,反映出我国汽车制造企业具备快速的技术学习能力。根据每次技术跃迁间隔中技术核技术量的增长速率可以计算出技术核技术量增长的平均速率为 $\bar{v} = 0.18$,平均技术跃迁峰值 $\bar{A} = 0.05$,其他参数计算结果见表2.6。

表2.6　　　　　　　　　能级跃迁参数数据表

跃迁时间 t	轨道能级 m	技术核技术量 Q	技术电子技术量 q	技术创新价值量 n	技术创新势能 V_m	技术创新动能 I_m	技术创新速度 v
2001—2003	1	0.0320	0.0069	0.5020	0.0308	0.0399	0.0125
2003—2008	2	0.4760	0.2344	0.3096	0.0407	0.1862	0.0442
2008—2012	3	1.6603	0.7403	0.2779	0.2423	0.1853	0.0897
2012—2016	4	4.5590	1.9979	0.2909	0.4036	0.3414	0.1091
2016—2018	5	6.1971	0.7677	0.2980	0.2825	0.2472	0.1027
2018—2020	5—6之间	7.6473	1.4502	0.5523	0.2142	0.2094	0.0411

根据公式(2-4)、(2-5)、(2-6)、(2-7)可计算出技术跃迁过程中相关参数数据,见表2.7。

表2.7　　　　　　　　　技术跃迁参数数据表

跃迁时间 t	匹配度 ε	新技术的体积 V	技术轨道间隔 r	技术创新能量和 E_m	能量差 ΔE
2001—2003	-0.3860	0.0035	0.7633	0.0707	0.0707
2003—2008	-0.1093	0.0726	0.7213	0.2269	0.1562
2008—2012	-0.6538	0.2057	0.6106	0.4276	0.2007
2012—2016	-0.5911	0.5812	0.4139	0.7450	0.3174
2016—2018	-0.7631	0.8009	0.3875	1.1297	0.3847
2018—2020	-0.5115	0.2288	0.2222	0.4236	-0.7061

根据公式(2-2)、(2-3)、(2-8)、(2-9)、(2-10)可计算出技术能级相关参数数据,见表2.8。

表 2.8　　　　　　　　　　技术能级参数数据表

跃迁时间 t	技术力程 R_t	技术创新力 F_1	技术能级密度 $\rho(m)$	能级宽度 Y	自旋周期 T_R
2001—2003	0.1569	0.0005	0.0064	1.5265	0.8329
2003—2008	0.1779	0.0034	0.0081	1.4425	0.7478
2008—2012	0.1805	0.0124	0.0097	1.2212	0.4391
2012—2016	0.2275	0.0152	0.0088	0.8277	0.3769
2016—2018	0.2337	0.0134	0.0126	0.7751	0.2165
2018—2020	0.2545	0.0029	-0.0019	0.4444	0.1022

根据技术属性筛选规则，进而获得不同属性技术的技术属性密度，再根据公式（2-11）、（2-12）计算不同属性技术的空间作用概率 $P_\Omega(X)$ 以及技术跃迁作用力强度 F，结果见表 2.9 和表 2.10。

表 2.9　　　　　　　　　不同属性技术空间作用概率

技术属性	$P_\Omega(x)_{2003}$	$P_\Omega(x)_{2008}$	$P_\Omega(x)_{2012}$	$P_\Omega(x)_{2016}$	$P_\Omega(x)_{2018}$
架构技术	0.0004	0.0006	0.0136	0.0390	0.0401
元件技术	0.0014	0.0011	0.0063	0.0550	0.0104
基础技术	0.0007	0.0054	0.0068	0.0113	0.0069
互补技术	0.0009	0.0024	0.0040	0.0052	0.0045

表 2.10　　　　　　　　不同属性技术跃迁作用力强度

技术属性	F_{2003}	F_{2008}	F_{2012}	F_{2016}	F_{2018}
架构技术	0.0327	0.0230	0.0783	0.0533	0.0474
元件技术	0.0624	0.0303	0.1324	0.1522	0.1222
基础技术	0.0224	0.0732	0.0822	0.0931	0.0774
互补技术	0.0580	0.0433	0.0821	0.1236	0.1101

根据表 2.9 与表 2.10 所得数据，经数据标准化处理后，用 Matlab 软件进行模拟仿真，得出技术的空间作用概率与技术跃迁作用力的拟合曲线，如图 2.9 所示。

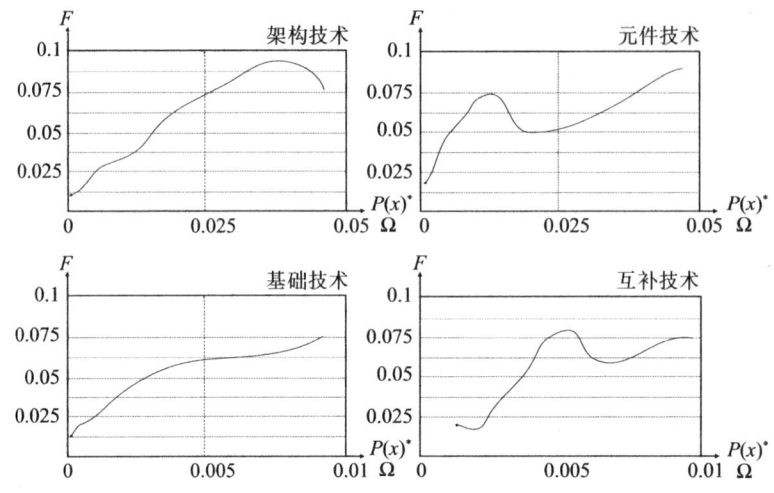

图 2.9 技术空间作用概率与作用力的拟合线

5. 仿真结果分析

通过汽车制造业的数值仿真，由图 2.9 中不同类型技术的拟合曲线可以进一步分析中国先进制造业不同类型技术在创新追赶过程中的演化情况。

第一，基础技术的仿真曲线呈现持续增长态势，增长幅度较为平缓，且单位时间增长量相近，说明基础技术在整个产业创新追赶过程中，技术核内的固有技术对核外电子的吸引力保持在一定的区间内，并没有呈现明显的增加或减小趋势。从整体来看，基础技术仿真曲线的增长幅度不大，曲线末点与曲线起点的差值较小，说明在技术跃迁过程中，基础技术并不像架构技术与元件技术一样有明显的技术跃迁。结合基础技术的特点可知，基础技术的本质是理论性的科学知识，一般是支撑先进制造技术创新的根本性、原理性技术知识，如果技术领域的学科基础理论没有重大突破，那么基础技术很难出现大的轨道跨越。例如目前硅基芯片已经逼近物理极限，而碳基芯片作为替代材料受到广泛关注，但由于这是一项涉及基础性材料的根本性变革，真正要颠覆现有芯片产业还需要很大的时间。从基础技术的元素关系不难看出，其核外电子的活跃程度很低，且很难向核心固有技术转化，但基础技术的根本性变革会对架构技术、元件技术的技术跃迁提供强大的支持力，并彻底改变元件技术、架构技术和互补技术的作用关系。

第二，整体来看，架构技术的仿真曲线呈现出突变式增加的趋势，技术跃迁作用力随着技术的空间作用概率增加而增长，架构技术曲线的中部呈现明显的爆发式增长。由此可以推断，架构技术在技术跃迁中，随着技术能级由低能级向高能级跃迁，技术核对技术电子的作用力存在短时间弱化的情况，这也说明此时产业技术创新链中架构技术的原有技术积累对活跃在核外的新技术的作用力减弱，新技术活跃程度大幅提高，架构技术中的技术电子所携带的新技术与技术核内的固有技术存在不相容的情况，二者间互斥作用力较大，吸引力较小。从仿真曲线的尾部来看，如果先进制造业通过自主创新实现技术能级跃迁，技术电子会逐渐向技术核内移动，替代并淘汰技术核内的原有技术，压缩核内原有技术的价值，形成新的技术体系并存储于技术核中，使得新技术成为主流技术。因此可以推断，架构技术在产业技术跃迁中偏向于选择突破式创新路径，通过技术的前期积累，能够在短时间内打破固有的技术范式，形成自主可控的新技术体系。

第三，元件技术的仿真曲线呈现先增后减的变化态势，随着技术空间作用概率的增大，技术跃迁作用力表现为先小后大。在仿真曲线的起始点处，元件技术的空间作用概率明显高于其他三类技术，表明在先进制造业创新追赶初期，元件技术在技术创新链中发挥的作用高于其他三类技术，即先进制造领域的后发者和领先者之间的技术差距主要由元件技术决定，如果后发者元件技术能力偏弱，则产业追赶起步阶段的技术差距就会很大，创新追赶的困难程度会比较高。从仿真曲线的前半部分来看，技术核对核外技术电子的吸引力较小，表明核内原有技术对核外新技术的控制力不强，电子活跃程度较高，但与架构技术的爆发式增长相比，元件技术在从低能级轨道向高能级轨道跃迁时，增长幅度小于架构技术，但也呈现出突破式创新的特征。从仿真曲线的后半部分来看，元件技术轨道再次跃迁时，技术核对核外电子的吸引力又一次增大，核内原有静态技术对新技术的产生影响程度提高，意味着在创新追赶加速与领先期，元件技术的创新逐渐偏向于渐进式创新，核外的技术电子所携带的新技术与核内原有技术的融合与交叉现象明显。

第四，互补技术的仿真曲线形态与元件技术的曲线形态极其相似，均呈现同等程度的波动态势，但互补技术的曲线起始点要低于元件技术的曲线起始点。由于互补技术通常依附于元件技术的变化而变化,且变化时间相对于元件技术存在一定的滞后期,对能级跃迁的作用强度也低于元件技术。作为共同支撑元件技术和架构技术的子技术,互补技术与基础技术总是处于创新生态系统的边缘位置,其技术跃迁轨迹受到核心技术发展轨迹的直接影响,当基础技术发生阶段性的技术迭代或突破时,互补技术和元件技术会随之变化。

第 3 章

中国先进制造业创新追赶实现路径设计

中国先进制造业创新追赶机理的科学揭示能够为创新追赶实现路径的设计奠定基础,遵循产业创新追赶规律设计基本实现路径一方面能够将创新追赶理论研究转化为实践指导,为中国先进制造业创新赶超实践提供依据和遵循,另一方面在中美贸易摩擦、世纪疫情及地缘政治动荡的复杂环境中,中国先进制造业创新追赶实现路径的科学设计回应了解决国家经济社会发展重大科学问题的现实诉求,具有重要意义。

3.1 中国先进制造业创新追赶实现路径设计原则与思路

路径是主体为了达成特定目标,所规划的从起始点至终点的一系列过程、方法与手段的集合,中国先进制造业创新追赶实现路径对产业追赶实践具有重要的指导性,创新追赶路径的设计要遵循必要的原则和思路。

3.1.1 实现路径设计原则

1. 问题导向原则

中美贸易摩擦是近几年深刻影响我国制造业全球竞争格局的关键变

量,对先进制造创新追赶实现方式造成深远影响。面对美国对我国先进制造领域核心技术、关键材料与设备的进口限制,如何进行突破成为广受关注的现实问题。应该看到,中国先进制造关键领域受制于人的局面尚未得到根本性改善,围绕不同技术领域尽快实现技术追赶一个具有前沿性和挑战性的科学问题。为此,中国先进制造业创新追赶实现路径的设计必须从解决技术突破规律的核心问题出发,结合不同类型技术的特点进行科学、系统和全面的设计。

2. 系统匹配原则

中国先进制造业创新追赶是后发者与领先者的创新生态系统更替的动态过程,一方面,不同类型技术的创新突破必须注重与相关技术之间的匹配,以此形成完整的技术体系,另一方面技术创新链的整体赶超还要与相应的价值创造环节相互匹配,最终形成技术创新链与价值创造链的相互支撑。因此,中国先进制造业创新追赶实现路径需要同时兼顾不同类型技术创新链与价值创造链组成的系统,并体现不同类型技术创新生态系统的差异性。

3. 动态转换原则

中国先进制造业创新追赶是一个长期的动态过程,不同类型路径所适应的追赶情境截然不同,一旦产业追赶情境发生变化,其所适应了追赶路径将会有所不同,其所适宜的创新追赶实现路径就会不同,并且这种动态转换应该实时发生。因此,中国先进制造业创新追赶设计要充分注重不同情境的差异,涵盖不同路径转换的可行方式,并且路径设计要与路径的选择、转换相互支撑,共同构成创新追赶实现路径的管理体系,已达到路径管理的实践目的。

3.1.2 实现路径设计思路

创新追赶实现路径作为后发者通过创新生态系统培育、发展与更替赶上甚至超越领先者的过程,集合了一系列创新过程、方法与手段。根据中国先进制造业创新追赶机理,构建并培育壮大创新生态系统,实现对领先者的追赶超越,成为创新追赶的核心目标。具体而言,只有技术创新链和价值创造链相互匹配,并且与创新方式形成支撑,产业创新追赶实现路径的目标才可能实现。因此,在路径设计时要同时兼顾三个层面的内容,并且要注重不同创新追赶实现路径的差异化特征和路径关键点,确保路径设计的科学性和实现的可行性,具体创新追赶实现路径框架如图3.1所示。

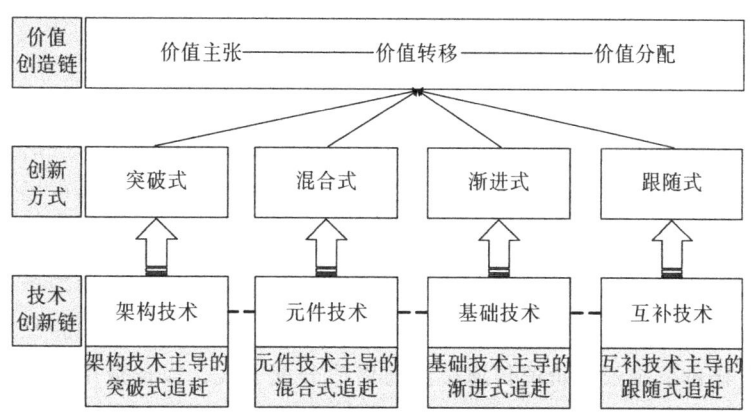

图 3.1　中国先进制造业创新追赶实现路径设计框架

具体而言,中国先进制造业创新追赶实现路径设计的核心思路主要包括以下三个方面。

第一,遵循创新生态系统追赶的客观要求,以技术创新链为核心进行不同类型的创造追赶路径设计。由于不同类型技术的追赶起点、追赶难度和创新方式存在显著差异,并且围绕不同类型技术打造的创新生态系统具有截然不同的追赶能力,根据中国先进制造业创新追赶机理,架构技术、元件技术、基础技术与互补技术的技术跃迁轨迹呈现不同规律,围绕不同类型技术设计的不同创新追赶实现路径是由具体技术属性及其与领先者的技术差距决定的,路径之间不存在递进或升级关系,而呈现并列关系,因此针对不同类型技术分别设计具体的追赶路径符合先进制造技术自身发展规律与创新追赶的要求。

第二,遵循技术创新的客观规律,创新追赶实现路径需要与不同类型的创新方式相匹配。技术属性不同决定了技术创新方式会有所区别,先进制造领域由于涉及大量的技术秘密和复杂技术,尤其领先者已经在关键领域建立了很高的技术壁垒,后发者在一些技术领域很难绕过领先者的技术范式而直接突破，这就意味着如果选择了错误的创新方式，那么创新追赶的效果可能会不理想。例如基础技术的赶超需要科学原理突破，而后发者可能根本不具备突破基础理论的条件，目前我国先进制造业大部分领域正处于自立自强的关键阶段。相比之下，架构技术由于只涉及技术组合方式的变化，后发者更容易通过突破式创新方式实现。总之，只有遵循不同技术属性所适合的创新方式，中国先进制造业创新追赶路径才可能转化为实践指导。

第三，突出创新生态系统中价值创造的引领作用，兼顾不同创新追赶实现路径的价值创造链。单一技术的突破很难实现创新生态系统的整体超越，中国先进制造业大量的自主研发成果需要利用广阔的国内市场进行试错与迭代升级，在当前全球化"区域化"背景下，中国先进制造业创新追赶中更应该注重发挥国内阶梯式市场空间的巨大优势，用好新型举国体制的制度优势，将政府作为重要的价值创造主体，充分考虑不同路径条件下的差异化价值主张、价值传递渠道与价值分配方式，以形成中国先进制造业创新追赶的独特路径。

3.2 架构技术主导的突破式追赶路径

3.2.1 内涵与特征

1. 内涵

架构技术是将产品中的组件或模块连接起来的技术知识，这些技术的主要作用是链接各种不同类型的技术组件，并完成某些特定的技术性能。与领先者相比，后发者常常在架构创新方面有所突破，这是因为改变不同组件的组合方式远远比进行基础科学原理创新简单得多。从中国多个先进制造业追赶历程来看，架构技术突破的成果远多于其他类型的创新成果。比如高铁列车的车头、转向架、牵引系统等在引进国内后，本土零部件制造商通过架构技术创新完成了最早的技术替代，并逐步理解了列车设计背后的科学原理，为自主研发复兴号动车组奠定了坚实的基础。后发者基于架构技术的创新活动对于积累技术能力十分重要，但如果要实现对先发者的超越，必须开展突破式创新，而并非简单进行渐进式创新活动，因此架构技术主导的突破式追赶路径是指架构中组件或模块之间的连接设计方案发生重大变化，并脱离对领先者技术轨道的依赖，创造出新技术轨道，从而实现对领先者追赶的过程。

2. 特征

架构技术主导的突破式追赶路径具有非连续性和高不确定性。当架构技术处于技术跃迁的基态、激发态和终态时，会因为前期的探索性技术积累而不断提高核外动态技术的活跃程度，这就使得静态技术对动态技术的作用力在某一临界点骤降，从而发生非连续性的技术跃迁。这种情况下，前期的探索性技术积累能够为原有技术轨迹突破奠定基础，但技术突破所形成新技术能否成为以后的主流技术会受到多种因素的影响，基于突破式创新所形成的架构技术重构会给现有的技术创新链带来高额的转换成本与风险，增加了先进制造产品的市场风险，也为实现自主可控的先进制造技术体系打下基础。

3.2.2 架构技术主导的突破式追赶路径关键点

先进制造领域的复杂产品系统是一个整体，对于后发者而言，从架构技术入手迅速打造产品系统是比较快捷的追赶路径。在这个过程中，后发者既要注重架构技术自身的科学选择、突破以及扩散，同时还需要关注价值创造链的重塑及其与技术创新链之间的互动。具体而言，后发者选择以架构技术作为突破点时，要做好价值创造链重塑和技术创新链升级。

1. 价值创造链重塑

首先，后发者原有价值主张是驱动其技术创新的核心动力，中国先进制造业众多领域的核心技术依赖进口，并且短期内基础性知识原理难以突破，选择消化吸收并进行架构技术突破成为不二选择，此时政府、核心先进制造企业都可能提供类似的价值主张，并投入相关资源进行突破式创新。其次，架构技术突破需要投入的资源巨大，并且积累效应明显，早期的价值发现与价值主张提供者一般都具备强大的价值转移渠道，围绕架构技术形成的价值转移渠道形式多样，包括项目合作、人才交流、产品共同研发等等，后发者通过这些不同形式的价值转移渠道，与本土合作者共同构建起新的价值转移网络。最后，由于后发者的核心技术始终未能从根本上得到解决，因此围绕先进制造领域的架构技术所获得的价值以及能够分配的价值始终受到限制。比如我国拥有全球第二大医疗器械市场，但高端设备市场却长期被国外企业垄断，大量医疗设备的关键零部件长期依赖进口，国内众多企业基于这些技术进行了大量架构创新，在手术机器人、重症监护仪器等领域实现了新突破，但国内市场对国产设备的接受度不高，国产设备的本土化价值创造链亟待重塑。

2. 技术创新链升级

价值创造链重塑加速了后发者技术创新链升级，中国先进制造业通过架构技术主导的突破式追赶路径实现追赶与超越时，需要围绕架构技术进行一系列的技术开发与推广，尤其上下游的支持技术体系都需要进一步升级，以满足全新的技术需求。具体过程包括面向新的价值采用主张形成架构技术创新方向、推动基础技术攻关以及协调支持技术体系发展三个环节。

首先，作为以架构技术突破式创新为目标的后发者，为满足先进制造业创新生态系统新的价值主张，核心先进制造企业需要率先识别新的架构技术创新方向，越过领先者建立的技术壁垒。具体可通过建立技术识别框架，利用政策、专利、文献信息等指标识别架构技术潜在创新方向以及相应的基础技术耦合关系。其次，围绕先进制造业核心技术体系，在架构技术突破中推动基础技术攻关是后发者的最终目的，但由于基础技术突破难度高，研发风险大，涉及领域广泛，需要针对具体领域建立协同体系，尤其要发挥举国体制的制度优势进行专项攻关。例如被后发者大量使用的逆向创新工程首先解决的就是架构技术突破问题，然后逐步进行基础技术领域攻关。最后，围绕自主突破的架构技术所形成的先进制造核心技术体系，以原有的创新协作关系为基础，通过更新技术之间的耦合关系，协调支持技术体系实现同步发展，以形成后发者自主可控的新技术体系，实现先进制造业追赶与超越。

3.2.3 架构技术主导的突破式追赶路径形成过程

架构技术主导的突破式追赶路径是在架构技术跃迁过程中发生了突破式创新。核外动态技术的活跃程度受到两种因素的共同影响：一是动态技术本身所创造的新技术量的多少；二是技术核内的静态技术在新技术产生过程中的影响程度。架构技术在跃迁初期的基态时，由于技术核内的静态技术对新技术产生的影响力较大，造成动态技术的活跃程度较低，但随着动态技术自身的技术积累量增加，活跃程度也逐渐提高，高活跃度的动态技术会在达到活跃阈值时摆脱静态技术的作用力，发生非连续性的技术跃迁，跃迁到激发态后的动态技术电子会将新技术扩散到静态技术核内，提高技术核的技术储备量，进而新的静态技术核对核外动态技术的作用力会增强，进一步降低了动态技术的活跃程度。所以，架构技术主导的突破式追赶路径就是技术流经历"外围的低活跃动态技术—外围的高活跃动态技术—中心的稳定静态技术"的过程，实现架构技术的突破追赶，具体过程如图3.2所示。

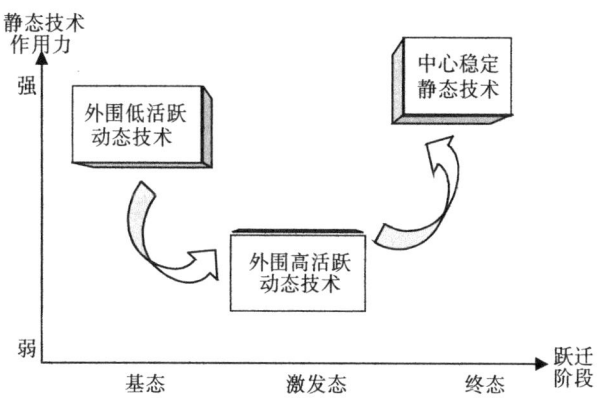

图 3.2 架构技术主导的突破式追赶路径技术流运动过程

3.2.4 架构技术主导的突破式追赶路径案例分析

工业机器人是工业生产中使用的具有自动控制的操作和移动功能，能完成各种作业的可编程操作机,作为一种集多种先进技术于一体的自动化装备,体现了现代工业技术的高效益、软硬件结合等特点,成为柔性制造系统、自动化工厂、智能工厂等现代化制造系统的重要组成部分。工业机器人能够依靠自身的动力能源和控制能力实现各种加工制造功能,替代人类完成单调、繁重或有害的各类工作。工业机器人产业作为我国重点发展的先进制造业,兴起于20世纪70年代,目前在汽车制造、3C电子制造、金属加工等行业得到广泛应用。中国电子学会发布的《2021中国机器人产业发展报告》显示,2021年中国工业机器人市场规模预计达到114.9亿美元,全球制造业领域工业机器人使用密度已到达113台/万人,机器换人趋势明显,并且亚洲市场增幅最快。与美国、日本、德国等国家相比,中国工业机器人正处于快速发展阶段,减速机、伺服电机、控制器等关键零部件大量依赖进口,经过多年的技术引进与消化吸收,我国工业机器人的自主研发制造能力有了显著提升。从整个工业机器人行业技术学习过程来看,该行业在创新追赶过程中选择了架构技术主导的突破式追赶路径。

从产品特征来看,工业机器人具有典型的复杂产品系统特征,其设计架构复杂,元件众多,多数采用小批量定制化生产模式。这种大型制造设备的功能以及性能提升较为依赖于核心模块之间的连接技术与方法,即架构技术。中国工业机器人产业为了提高内嵌模块间位置的精度以及满足模块间的协调性要求,加大研发投入,扩大生产范围以及规模,采用"干中学"来不断积累新技术,提高活跃技术的存量,并在小规模试验中大量验证、模拟、反馈,不断修改与升级产品架构设计方案。从2012年开始,中国工业机器人制造商开始尝试采用多功能一体化的架构设计模式,是一台工业机器人同时具备进行多道工序加工的能力,通过将工业机器人的核心零部件进行垂直一体化整合,构建出新的架构技术模式,提升核心部件间的拟合力,大大缩短了产品组装周期,提高生产运作效率,在产品可靠性、空间性、安全性等方面均有大幅度的突破式提升。这种突破式的创新得益于产业发展初期注重研发技术积累,同时利用纵向一体化生产线,控制生产制造成本,使得中国工业机器人较领先国家具有低成本优势,再加上一体化架构技术的突破式设计,使得中国工业机器人产业在国际市场上的份额由不到20%提升至30%以上,且制造成本由40%降低为13%,成功实现了大幅度的追赶。

3.3 元件技术主导的混合式追赶路径

3.3.1 内涵与特征

1. 内涵

元件技术是能够实现复杂产品特定功能的部件或模块,不同先进制造领域需要的元件技术类型截然不同,并且元件技术在技术创新链中的作用有所差异,元件技术主导的混合式追赶路径是指后发者可以通过突破式或渐进式方式进行复杂产品组件或模块创新设计与生产制造,从而实现追赶。例如一架商用飞机由 300 万至 500 万个零部件组成,从设计、制造、验证到最终交付,需要成数千个供应商之间的协同合作。中国商飞 C919 在全球共有三类供应商合计 120 家,其中,Ⅰ类供应商属于较核心的成品件供应商,Ⅱ类供应商为子系统的结构件供应商,Ⅲ类供应商则处于航空制造业的上游,主要是标准件和原材料供应商,为Ⅰ类、Ⅱ类企业提供原材料,共 57 家;除了核心部件供应商,其余供应商均是元件技术的供应企业,这些企业根据大飞机设计的实际需求进行元件技术创新,可能采取与以往产品截然不同的技术路线,也可能沿用领先者的技术路线。

2. 特征

元件技术主导的混合式追赶路径具有复杂性和不确定性。先进制造领域的元件技术涉及的知识领域广泛,在技术跃迁过程中,前期由于动态技术积累会提高技术电子活跃程度,当达到一定的阈值时可能产生突破式的技术跃迁行为,跃迁后的核外动态技术会将电子内的新技术向静态技术核内转移,成为新状态下的固有技术,动态技术所携带的新技术由于发生了转移,因此活跃程度会降低,当整个技术系统稳定后,动态技术会沿着跃迁后的新范式进行渐进性创新,不断丰富新范式下的技术积累。当然,无论通过突破式创新还是渐进式创新实现了技术电子逐层跃迁，整个过程具有极强的不确定性，一方面后发者要跨越领先者在元件技术方面的壁垒仍然需要大量的创新投入，并且作为可能成为沉没成本的准备，另一方面，元件技术与架构技术及其他技术之间的关联性十分紧密，技术电子跃迁受到其他技术电子的多重影响。

3.3.2 元件技术主导的混合式追赶路径关键点

元件技术通常承载了复杂产品的某些固定的物理特性，与架构技术共同组成了先进制造业的核心技术体系，相比于其他技术，元件技术追赶超越的难度不大，依靠国内强大的生产制造能力，本土企业通过承接领先者的技术转移或者与高水平大学的技术合作，基本能够建立起完整的元件技术研发体系，并且打造形成相应的价值网络。与架构技术主导的突破式创新追赶路径相比，元件技术主导的混合式追赶路径的关键点更加倾向于本土化，这也是由当前紧迫的国内外形势所决定的，只有通过完善的本土化创新体系才能降低先进制造产业链断链断供风险。具体而言，元件技术主导的混合式追赶路径实现需要关注本土价值创造链建立和本土技术创新链优化。

1. 本土价值创造链建立

首先，从技术来源看，中国先进制造业元件技术大都来源于跨国公司的技术转移，尤其改革开放之后，大量跨国企业在国内投资建厂，把领先国家先进的技术理念和生产管理经验带到国内，本土企业通过承接生产制造活动掌握了各类零部件的制造工艺，形成了初期的元件技术创新能力，但是这个阶段本土企业并未获得高额的创新回报，大量创新价值被跨国公司攫取。其次，随着本土企业元件技术创新能力的提高，一批本土制造企业开始尝试另辟蹊径，从原始设备制造商转向原始设计制造商，努力创造自主可控的高价值产品，并且与众多国内利益相关者建立起稳定的价值网络，尽管这些企业能够获得相对较高的创新收益，但并未从进入全球价值链高端环节。最后，本土价值网络的建立需要迅速形成价值分配机制，开放的本地市场和激烈的市场竞争有利于快速形成高效的价值分配网络，并且在链主企业帮助下,国内众多中小型制造企业可能快速成长为"专精特新"企业,并与链主企业共同形成拉动高水平技术创新的力量。

2. 本土技术创新链优化

中国先进制造业元件技术的发展基本遵循"原始设备制造商(OEM)—原始设计制造商(ODM)—原始品牌制造商(OBM)"的路径,围绕先进制造领域的系统集成商形成一批具备元件技术自主创新能力的制造企业,并且这些企业采用了自主可控的技术路线。因此,面向本土价值创造链构建需求,本土化技术创新链优化需要做到以下三点。

第一,形成开放的技术合作体系。尽管元件技术来源于跨国巨头,但经过本土化适应性改造,技术性能与质量得到了大幅提升,发挥好国内创新资源丰富的优势,围绕元件技术突破式创新需求,打造开放的技术研发、生产、推广体系是关键一步。第二,推动核心技术体系的发展。只有核心技术体系实现突破才能最终实现先进制造业的全面赶超,因此元件技术的突破可能逆向带动核心技术体系的升级,尤其对架构技术突破产生重要影响。第三,本土技术创新生态的形成。本土价值链的建立必然要求形成与之匹配的技术创新生态,围绕元件技术全面改进支持技术体系,并与核心技术体系相互支撑,形成良好的本土技术创新生态。

3.3.3 元件技术主导的混合式追赶路径形成过程

元件技术主导的混合式追赶路径形成过程同时存在突破式创新和渐进式创新两种可能。通常情况下,元件技术的突破式创新会先于渐进式创新发生,这是因为大量的元件技术研发需要根据具体的产业情境与用户需求进行定制,按照既定技术路线的渐进式创新方式可能无法满足定制化设计的要求,突破式的技术设计才可能更好的实现复杂产品的整体功能。因此元件技术原子中的动态技术由于已经有了一定的技术积累,在从基态 a 向激发态 a 跃迁时,活跃度增加,进而发生新技术的突破式创新,当从激发态 a 向终态 a 跃迁时,动态技术的活跃程度降低,降低后的动态技术便处于渐进式创新的基态 b 阶段,并通过渐进式技术积累,低活跃动态技术提升为中活跃动态技术,同时跃迁到激发态 b 阶段,外围的中活跃动态技术不断将新技术向核内转移,最终形成稳定的中心静态技术。所以,元件技术的混合式追赶路径就是技术流经历"外围的中活跃动态技术—外围的高活跃动态技术—外围的低活跃动态技术—外围的中活跃动态技术—中心的稳定静态技术"过程,最终完成后发者元件技术的追赶,具体过程如图3.3所示。

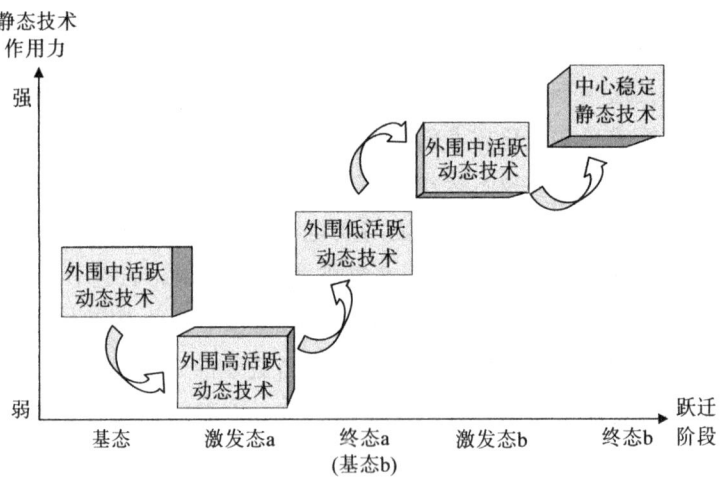

图 3.3 元件技术主导的混合式追赶路径技术流运动过程

3.3.4 元件技术主导的混合式追赶路径案例分析

大飞机一般是指最大起飞重量超过 100 吨的运输类飞机,包括军用大型运输机和民用大型运输机,我国把 150 座以上的客机称为大客机,而国际航运体系习惯上把 300 座位以上的客机称作"大型客机",大飞机产业能够直接反映一个国家民用航空工业甚至整个工业体系的整体水平。在全球范围内,大飞机的典型代表是空中客车公司的 300、330、350、380 和波音公司的 747、777、787 等。中国商飞研制的 C919 代表了中国民用航空工业的最高水平,其发展历程以元件技术主导的混合式追赶路径为主。

2006 年国务院颁布实施了《国家中长期科学和技术发展规划纲要(2006—2020 年)》,确定大型飞机为"未来 15 年力争取得突破的 16 个重大科技专项"之一,同年国务院成立大型飞机重大专项领导小组,2007 年商用大飞机项目正式立项，2008年国务院批准成立中国商用飞机有限责任公司，正式启动C919大飞机项目。在经历6年的总体设计之后，2014年首架C919进入总装，2015年正式下线，2017年完成首飞，2020年进入试飞取证阶段，2022年9月获得中国民用航空局颁发的型号合格证，预计年底交付首架飞机，这标志着我国具备自主研制世界一流大型客机能力，探索出一条中国设计、系统集成、全球招标、逐步提升国产化的发展路子。因此，现阶段的C919并未在飞机发动机、驾驶舱控制系统、电源系统、燃油液压系统、防火过热保护系统等关键部分实现国产化，整体零部件国产化率大概为60%。但是C919在大量结构元件方面进行了突破式创新，主要涉及机身、机翼、尾翼三大部分。例如商飞公司自主设计的超临界机翼，可使飞机的整体阻力减小8%左右，相比现役同型号飞机直接使用成本降低10%。C919的结构元件存在大量标准件，易于拆分成不同的零部件，同时不同零部件互相影响与牵制关系较小，商飞公司在选择结构元件供应商时主要以国内具备转包生产能力的企业为主，并与这些供应商进行结构元件的联合研发与技术攻关，这种"主供联合模式"培养出了一批能够提供高性能配套零部件产品的本土供应商，其中上海一郎合金材料、华力创通等一批"专心特新"供应商在自己的领域打破了国际垄断，为中国民用航空工业发展做出了重要贡献。

3.4 基础技术主导的渐进式追赶路径

3.4.1 内涵与特征

1. 内涵

基础技术是决定产品性能和质量的原理性知识，相对于其他技术类别，基础技术的发展往往涉及广泛的基础科学知识，对基础科学知识突破的需求最为迫切，并且常常伴随更多隐性知识的积累与扩散，是技术突破难度最大的技术类别。在先进制造领域，先发者往往通过领先的科学研究体系建立起了很高的基础技术壁垒，后发者唯有通过基础科学领域的长期积累才可能实现追赶与超越。基础技术主导的渐进式追赶路径是为了提升基础技术的原始创新能力而开展渐进式创新的过程，基础技术主导的渐进式追赶路径通常是领先者的技术存在更强的技术壁垒或分离机制时，拥有良好技术创新基础的后发者所能选择的路径之一。

2. 特征

基础技术主导的渐进式追赶路径具有积累性和关联性。与大规模制成品不同，先进制造业领域的复杂产品往往涉及众多相互交叉的知识领域，例如芯片涉及大量数学、材料学、物理学领域的基础知识，这些基础科学知识是科学家经过长期探索形成的基本规律的总结，具有很强的积累性，并且不同领域之间的关联性极强，这就使得基础技术在技术跃迁的过程中，需要在现有知识基础之上进行大量技术累积，从而实现从量变到质变。目前先进制造业领域大量"卡脖子"技术无法突破的根本原因是技术研发的原理性知识无法突破，例如在关键基础材料作为所有工业制品的母体，我国的自主化率比较低，主要原因是国产材料的性能指标不能满足工业生产要求，这就涉及材料科学知识的突破。对于基础技术主导的渐进式创新活动，只有长期坚持不懈的知识积累才可能从根本上解决追赶超越和自主可控的问题。

3.4.2 基础技术主导的渐进式追赶路径关键点

基础技术主导的渐进式追赶路径旨在从根本上解决先进制造领域的后发者在关键核心技术上从无到有的问题，对目前处于并跑与跟跑状态并存的中国先进制造业而言，具有适用性。与其他路径相比，基础技术主导的渐进式追赶路径要更加凸显内外部资源的高度整合，尤其对于基础技术主导的渐进式创新，深度嵌入全球知识创新与扩散网络，了解和掌握全球基础知识领域的研究前沿至关重要。具体而言，基础技术主导的渐进式追赶路径需要持续关注全球价值创造链与全球技术创新链的构建。

1. 全球价值创造链构建

中国先进制造业要从并跑、跟跑到实现领跑，必须要在基础技术领域实现突破。首先，西方国家已经采取了严格的技术管制，旨在抑制中国先进制造业的快速崛起，对正处于快速追赶的先进制造领域产生了一定的影响，面对以国内大循环为主，国内国际双循环相互促进的新发展格局，中国先进制造业全球价值链构建要注重激发国内消费者对本土先进制造产品的潜在需求，在带动基础技术研发与突破的同时，实现向国外市场的扩散。其次，政府作为先进制造领域初始价值来源的提供者，需要积极发挥创新引导作用，尤其中国独特的新型举国体制为先进制造业创新提供了强大的制度保障，中央政府巨大的组织协调能力为先进制造领域基础技术的突破提供了强大动力。最后，全球价值创造链的构建要秉持开放的态度，要积极调动国有企业、民营企业、外资企业、大型企业、中小型企业等各类创新主体，并且与国内外高水平大学开展基础科学领域的前沿研究，并吸收所有利益参与者参加价值转移与分配，最终打造以本土企业主导的先进制造业全球价值创造链。

2. 全球技术创新链构建

为了与全球价值创造链相匹配，中国先进制造业需要构建基于基础技术的全球技术创新链，这种立足基础技术领域的创新链是先发者能够保持长期领先的根本原因，但对后发者而言，要实现从基础技术突破、复杂产品系统研制到全面产业化的正向创新可能面临诸多挑战。如何突破基础技术将会面临两难抉择，一方面，先发者的基础知识研究非常领先，并设置了较高的壁垒，对后发者形成挑战；另一方面，后发者尚未具备"换道超车"的知识储备和能力，不计后果的投入可能引发产业的技术能力的后退。因此，基础技术主导的渐进式追赶路径在全球技术创新链构建方面需要把握以下三个方面。

第一，围绕基础技术打造形成聚集全球创新资源的核心技术攻关体系，尽管美国对中国先进制造领域开展了全方位的围追堵截，但先进制造产业坚持对外开放和吸收外部资源的做法不能变，尤其在高端人才和资源引进方面要做好长期谋划。第二，充分发挥国家战略科技力量在先进制造基础技术突破中的关键作用，尤其要引导高校在基础研究领域做好有组织的科研，主动对接先进制造企业，面向存在"卡脖子"风险的重点基础技术领域进行专项突破。第三，尽管中国多个先进制造领域获取国外前沿技术的渠道受到限制，但依然可以通过人才流动、学术交流、科学共同体等多种形式获取信息，对中国先进制造业而言，全球合作交流需要持续加强。

3.4.3　基础技术主导的渐进式追赶路径形成过程

基础技术主导的渐进式追赶路径是在基础技术跃迁过程中进行渐进式创新的过程，基础技术知识所具备的积累效应决定了基础技术并不具备进行突破式创新的条件。因此这一过程中核外动态技术的活跃程度将会逐步提升，并且不会处于高活跃状态，因为核外动态技术通过渐进式积累才能形成新技术，此时源源不断的静态技术核逐步发生转移，增加了整体技术核的技术量。所以，基础技术主导的渐进式追赶路径是技术流经历"外围的低活跃动态技术—外围的中活跃动态技术—中心的稳定静态技术"的过程，该路径形成的难度最大，但形成后先进制造业的状态最为稳定，具体技术流的运动过程如图 3.4 所示。

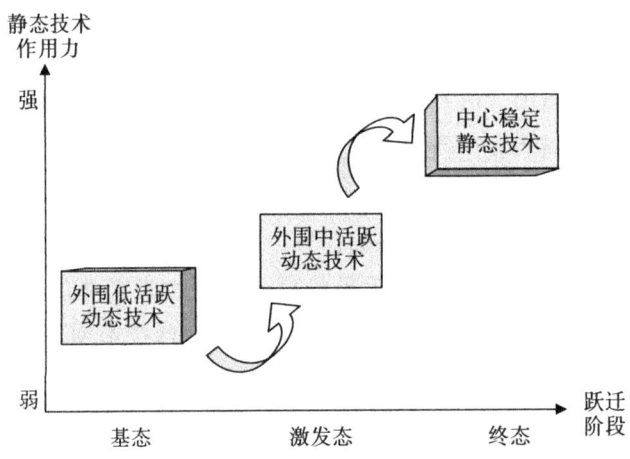

图 3.4　基础技术主导的渐进式追赶路径技术流运动过程

3.4.4 基础技术主导的渐进式追赶路径案例分析

半导体产业作为先进制造业的重点发展产业之一,具有极高的战略性,是关乎国民生计的关键领域。由于半导体芯片在消费电子、通信系统、汽车等众多领域都有广泛的应用,因此芯片制造也成为全球竞争最激烈的领域。从产业链构成来看,半导体产业链从上游到下游包括了三种工业类型,一是与芯片制造有直接关系的工业,如晶圆制造、集成电路制造、封装等;二是辅助集成电路制造的各种工业,如集成电路设计、测试、光罩制造、导线架制造等;三是提供支持的相关产业,包括设备、仪器、计算机辅助设计等。半导体产业的技术链长、技术复杂性高、技术更新换代快,每一个技术环节都需要经过长期的技术积累才能获得技术链整体技术能力提升。以晶圆制造 28nm 制程为例,如果企业没有 40nm 生产的经验,即使拥有了 28nm 完整的生产设备也无法进行生产。因此半导体基础技术的积累效应十分明显。根据集邦科技的研究报告,2021 年中国台湾半导体产值占全球的 26%,排名全球第二,仅次于美国半导体产业的产值,具体来看,中国台湾地区的集成电路设计及封测产业分别占全球的 27% 和 20%,分别位列全球第二和第一,晶圆代工以高达 64% 的市占率稳居全球龙头地位。从台湾半导体产业的历程来看,基础技术主导的渐进式路径是其重要选择。

早在 1964 年,台湾交通大学就成立了半导体实验室,开始涉足半导体基础技术研究;1974 年,台湾通过《积体电路计划草案》并成立半官方性质的工业技术研究院,大力推动半导体技术研发与推广应用;1980 年,由政府主导成立的台湾新竹科学工业园区作为高科技产业发展的重要载体,为台湾半导体产业高速发展奠定了基础;1984 年,台湾工业技术研究院牵头实施超大规模集成电路计划,旨在通过自主研发打通半导体产业链上下游,直至 1990 年,台湾基本打通了半导体全产业链,依托台湾工业技术研究院衍生的联华电子公司、台积电、台湾光罩公司等一批企业在全球半导体产业链中占据重要位置。总体来看,美国作为全球半导体行业技术创新的策源地,长期占据领军位置,中国台湾地区抓住了日本、韩国、欧洲在半导体领域逐步落后的机会,凭借政府牵头、产学研联合、全产业链布局等一系列举措,实现了半导体产业的快速追赶,其中动员大学、科研院所围绕集成电路基础技术开展的联合攻关计划成效最为显著。

3.5 互补技术主导的跟随式追赶路径

3.5.1 内涵与特征

1. 内涵

互补技术与基础技术共同构成复杂产品商业化所必需的支持技术,与基础技术不同,涉及产品商业化应用的相关技术都属于互补技术,并且互补技术具有很强的需求导向,常常与先进制造业核心技术相伴而生。例如高铁列车的运行离不开轨道、路桥、高铁车站等各类互补技术的发展,列车的性能直接影响着互补技术的开发方向,并且用户特殊需求也要在互补技术开发时予以考虑。互补技术主导的跟随式追赶路径是指互补技术在技术跃迁过程中的路径选择主要跟随元件技术与架构技术组成的核心技术体系的过程,这是由于互补技术与核心技术体系之间具有强关联性。当基础技术实现突破或者元件技术通过混合式追赶路径实现自主创新时,互补技术就要围绕新产品的应用场景进行针对性技术开发,以配合核心产品功能的实现,从而形成先进制造业的整体竞争能力。

2. 特征

互补技术主导的跟随式追赶路径具有专用性特征。用户需求是驱动复杂产品系统不断迭代升级的关键因素,互补技术性能与关键参数设置往往是由用户参与决策的,尤其跟随核心技术体系开展互补技术创新时,这些技术成果往往只能与特定的核心技术体系进行匹配,从而实现用户所需要的产品功能。例如中国同时引进了法国、日本、德国的高铁列车，并进行了大量信号、路桥、车身等互补技术的研发。这种异质性的互补技术表现出强专有性，会对核心技术体系的追赶超越起到强大的支持作用。

3.5.2 互补技术主导的跟随式追赶路径关键点

互补技术主导下的追赶路径与其他类型的追赶路径相比，其价值创造链与技术创新链呈现不同的特征。一方面，由于互补技术的突破要满足用户的个性化需求，需要用户的深度参与，先进制造企业与用户之间的互动成为影响互补技术能否突破的关键因素，另一方面，尽管互补技术会跟随核心技术体系要求进行突破，但两者之间在技术构成方式、技术突破难易程度以及技术要素组合方面截然不同。一般情况下，后发者很容易在互补技术方面建立强大的技术优势，但难以带动架构技术和元件技术突破。具体而言，互补技术主导的跟随式追赶路径实现需要关注用户参与的价值创造链构建和技术创新链系统性升级。

1. 用户参与的价值创造链构建

先进制造领域的用户很多时候不是个人消费者，而是特定的组织，例如中国高铁列车的用户是中国铁路总公司，盾构机设备的用户通常是大型工程的施工企业。首先，这些用户深度参与到复杂产品系统的价值创造链之中，会提出独特的价值主张。先进制造领域产品的高度定制化意味着独特的用户价值主张需要得到满足，互补技术往往是那些影响产品能否正常使用的技术，其创新突破必须与用户价值主张密切相关。其次，用户能够主导先进制造业的价值传递，由于用户掌握有关产品使用的大量经验数据以及未被满足的潜在需求，与用户深度绑定，并通过联合开发等正式渠道或者研讨、交流等非正式渠道进行价值传递，才能加速互补技术的突破。最后，形成合作共赢的价值分配机制，对创新收益的合理分配影响着所有利益相关主体的积极性，深度参与复杂产品系统设计、生产与使用的用户对互补技术的理解往往更加深刻，建立共赢的价值分配机制才能确保行业整体竞争力的持续提升。

2. 技术创新链系统性升级

互补技术只有与相应的核心技术体系相匹配，才能实现先进制造业技术系统效能的最大化，一旦互补性技术的创新能力有所提升，后发者就应该尽快对已有的技术创新链进行系统性升级。与基础技术主导的渐进式追赶路径不同，互补技术主导的跟随式追赶路径高度依赖核心技术体系的发展进度，并形成紧密跟随与动态变化的态势。具体而言，在技术创新链系统性升级方面要围绕用户参与的价值创造链做好以下三点。

第一，做好动态匹配核心技术体系。尽管元件技术与架构技术的追赶难度较大，但由于其与互补技术之间存在的关联关系，一旦互补技术实现突破与追赶，核心技术体系需要进行动态匹配。第二，进行元件技术能力升级。无论元件技术还是互补技术的追赶，并无法实现先进制造业的全面追赶，但要注重发挥互补技术对元件技术的带动作用，更好的实现支持技术体系的追赶。第三，努力打造一体化技术体系与生态，互补技术追赶难以解决基础技术"卡脖子"的困境，但能够为基础技术的追赶创造条件，对后发者而言，通过从外围到核心，打造一体化技术体系是常用的追赶方式。

3.5.3 互补技术主导的跟随式追赶路径形成过程

互补技术和元件技术共同组成先进制造业的支持技术体系，互补技术的动态技术跃迁以及技术研发、转移、积累的过程都与元件技术相似，但在实际产业技术追赶过程中，互补技术的跃迁起始时间会晚于元件技术，这是因为后发者的元件技术跃迁常常起始于突破式创新，新构建的技术体系需要互补技术的进一步匹配才能形成竞争力较强的支持技术体系，而元件技术通常跟随核心技术体系发生变化，其静态技术与动态技术核所承载的技术能量处于动态变化之中。具体来看，互补技术主导的跟随式追赶路径技术流经历"外围的中活跃动态技术—外围的高活跃动态技术—外围的低活跃动态技术—外围的中活跃动态技术—中心的稳定静态技术"的过程，最终实现互补技术的追赶，具体过程如图 3.5 所示。

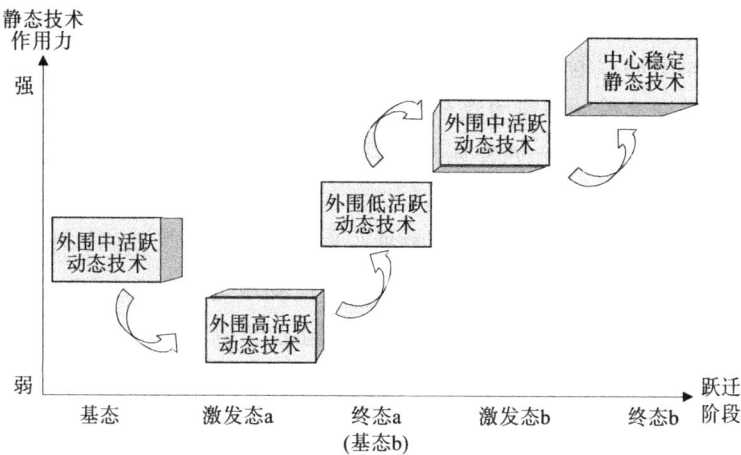

图 3.5 互补技术主导的跟随式追赶路径技术流运动过程

3.5.4 互补技术主导的跟随式追赶路径案例分析

中国新能源汽车产业是中国汽车工业换道超车的典型代表。数据显示，自 2015 年起，中国新能源汽车产销量连续 7 年位居世界第一。2021 年全球新能源汽车销量再创新高，达到 675 万辆，同比增长 108%。其中，中国新能源汽车市场持续突破，产销同比增长 160% 以上，销量达到 352 万辆。与传统燃油汽车不同，新能源汽车由电池、电机、电控三大核心技术体系组成，但是新能源汽车要大规模普及应用，还需要充电基础设施等支持技术体系的发展。从中国新能源汽车产业追赶历程看，以充电设施为主的互补技术在很长一段时间影响着新能源汽车大规模应用，但通过互补技术的创新最终实现了产业整体技术能力的提升。

整体来看，中国新能源汽车产业追赶经历了三个阶段：

第一阶段是技术攻关阶段，最早开始于"八五"期间，"十五"期间通过国家 863 计划电动汽车专项引领，成功研制出中国第一辆燃料电池轿车样车。在供给侧，初步确定"三纵三横"的研发布局；在支撑侧，形成国家重大专项引领的稳定格局；在需求侧，部分地区开展公共领域的先行先试，积极探索符合区域特色的商业模式。

第二阶段是快速发展阶段。"十一五"期间，国家 863 计划节能与新能源汽车专项持续支持新能源汽车产业创新活动。从供给侧来看，自主研发出高功率型动力电池和高能量型动力电池；在支撑侧，形成由国家、行业和企业共同支撑的新能源汽车发展格局；从需求侧来看，2009年启动了"十城千辆节能与新能源汽车示范推广应用工程"，开始实行私人购买新能源汽车补贴政策。

第三阶段是互补技术大规模突破阶段。"十二五"期间，中国已经超过美国成为全球新能源汽车第一大市场，已发布电动汽车标准近百项，并且积极将中国技术标准升级为国际标准。在供给侧，已经实现"三纵三横三平台"的矩阵式研发体系；在支撑侧，形成国家、地方的多层次、多方面政策扶持体系；在需求侧，形成传统电力公司、整车企业、互联网公司及充电设备生产商等多主体参与的新能源汽车基础设施运营模式。可以看出，互补技术与核心技术体系之间的支撑匹配是产业实现创新追赶的关键。就新能源汽车充电基础设施的发展过程来看，国家出台了相关政策支持了充电桩相关技术、充电模式和管理机制创新，直到2017年，新能源充电桩行业才步入高速增长阶段，得益于上游充电桩部件制造商、中游充电桩运营服务提供商和下游充电桩用户的通力合作，新能源汽车充电的基础设施才能快速发展。

第 4 章

中国先进制造业创新追赶实现路径选择与转换

中国先进制造业创新追赶实现路径是根据产业创新追赶机理,针对先进制造业技术创新链中不同技术属性所设计的追赶实现路径,对于提升不同属性技术的自主创新能力和产业整体技术能力具有指导意义。需要说明的是,不同创新追赶实现路径之间并无优劣之分,彼此间属于并列关系,即能同时存在于先进制造业的某个特定追赶阶段,也能够根据先进制造业发展状态,选择某一条路径实现创新追赶。因此,为进一步指导先进制造业追赶实践,有必要深入研究中国先进制造创新追赶实现路径选择方法与转换策略,旨在为实现路径应用提供可操作的方法手段。

4.1 中国先进制造业创新追赶实现路径选择思路与流程

4.1.1 实现路径选择思路

不同类型的创新追赶路径具有不同的技术适用背景,为了提高实现路径的针对性,需要根据先进制造业技术能力现状科学选择适宜的追赶路径。根据创新追赶路径的设计原理,不同实现路径的选择要遵循以下思路。

1. 面向不同中国先进制造业创新追赶的现实需求

中国先进制造业涵盖领域广泛,不同产业领域技术水平参差不齐,所处的追赶阶段差异较大,根据产业技术能力的现实需要选择追赶路径是先进制造业实现追赶的必然要求,因此实现路径选择必须充分考虑不同类型技术的水平与差异。

2. 考虑创新追赶实现路径选择的可行性

不同的创新追赶实现路径决定了产业创新追赶的整体方向,只有给出明确的选择标准与方法,才能为实践提供可靠指导,在具体路径选择时要综合考虑技术属性分类准则、评价标准、选择策略等多个方面,尽量提高实践中的可操作性。

3. 技术创新链与价值创造链之间的匹配关系

技术创新链与价值创造链是创造追赶路径的关键点,在选择实现路径时既要考虑技术创新链的实际情况,又要考虑不同实现路径条件下的价值创造链的实际情况,做到技术创新链与价值创造链的动态匹配,从而确保实现路径的可行。

4.1.2 实现路径选择流程

基于先进制造业创新追赶路径选择思路,设计产业创新追赶路径的选择流程,具体包括了基于技术创新链的技术属性识别和技术差距测度两个环节。

1. 基于技术创新链的技术属性识别

对先进制造业技术创新链中不同属性技术的识别要考虑其在产业技术创新链中的表现形态与功能作用。遵循实现路径设计的基本原理,先进制造业技术创新链可以分为核心技术体系与支持技术体系两部分,其中核心技术体系包括元件技术与架构技术,支持技术体系包括基础技术与互补技术。明确先进制造业技术创新链中不同技术属性的情况是选择具体实现路径的首要任务。

2. 技术差距测度

在识别先进制造业技术属性的基础上,进一步采用定量方法测度后发者与领先者之间存在的技术差距,找到先进制造领域目前存在较大差距的技术类别,并匹配相应的创新追赶路径。

4.2 中国先进制造业创新追赶实现路径选择过程

4.2.1 技术属性识别

根据中国先进制造业创新追赶的关键要素关系,按照不同技术属性在产业技术链中的表现形态以及功能作用,先进制造业技术创新链包含了架构技术、元件技术、基础技术以及互补技术。由于不同属性的技术类别存在不同的技术追赶跃迁机理,对应的技术追赶路径也会有所不同。因此,科学判断技术属性是选择适宜的技术追赶路径的第一步。

发明专利由于具有新颖性、创新性和实用性,广泛应用于对技术属性的识别。任何一条专利数据通常都包含了专利申请人、专利分类号、引用信息、权利要求书等多种特征,这些特征承载了专利不同维度的信息。授权发明专利是最能够反映创新能力,并通过审查而且获得认可的一类专利类型。运用授权发明专利的特征信息识别不同属性的技术类别是一种具有普遍性和代表性的做法。根据中国先进制造业技术创新链结构,结合专利特征信息的特点,设计技术属性的识别步骤,如图 4.1 所示。

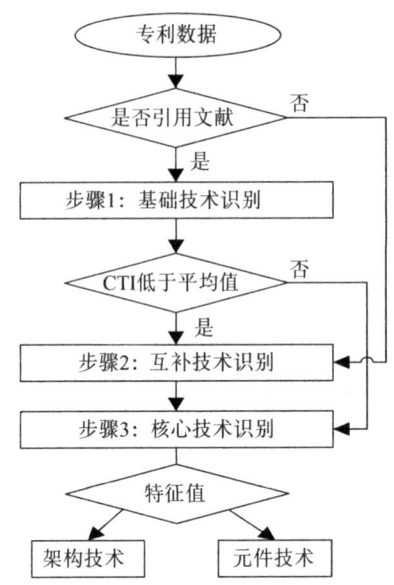

图4.1 专利视角下不同技术属性识别步骤

1. 基础技术的识别

已有研究认为科研论文是基础研究的重要表现形式,授权发明专利对科研论文的引用情况可以体现基础研究向应用研究的转化情况,充当了科学与技术之间的"守门人"角色,这些专利往往奠定了整个技术领域的科学基础。因此,将授权发明专利对科研论文的引用情况作为评判该专利基础研究属性强弱的依据,当授权发明专利存在科研论文引用时,便可将此专利划为基础技术范畴。

2. 互补技术的识别

识别出基础技术后,接着进行互补技术与核心技术的识别。借鉴杨武和王爽(2021)的研究,构建核心技术指数(Core Technology Index,CTI)来区分互补技术与核心技术,CTI指数如公式(4-1)所示。

$$CTI_i = \sum_{j=1}^{d} w_j \cdot x_{ij} \tag{4-1}$$

其中,x_{ij}表示第i个专利,代表专利信息特征的第j项指标值,w_j表示第j项指标的权重。为了能够提高对核心专利技术的识别精度,从核心专利基础性、核心专利体系性和核心专利竞争性三个维度，运用多种专利特征信息，构建核心专利技术的识别指标体系，具体见表4.1。

表4.1　　　　　　　　核心专利技术的识别指标体系

维度	测度指标	计算方法	含义解释
核心专利基础性	专利后向引证数	直接从专利信息中获取	反映技术积累程度及其在技术体系中的位置
核心专利体系性	专利被引证数	直接从专利信息中获取	反映技术的影响力与重要程度
	专利合作范围	2个及以上申请人占比	
核心专利竞争性	专利同族数	直接从专利信息中获取	反映技术的市场效益与市场潜力
	专利技术覆盖范围	IPC分类号涵盖领域	

在指标体系建立的基础上，再次使用熵值法对各个指标进行赋权，具体步骤如下。

首先对数据进行标准化处理，同时对标准化后的数据进行平移处理，以避免对数无意义的情况。假设一共存在 c 个待评价专利，d 项评价指标，x_{ij} 表示第 i 个待评价专利的第 j 项评价指标值，数据处理如公式（4-2）所示。

$$x_{ij}^{+} = \frac{x_{ij} - \min(x_{ij})}{\max(x_{ij}) - \min(x_{ij})} + 1 \tag{4-2}$$

计算第 j 项指标下第 i 个评价对象所占比重，如公式（4-3）所示。

$$p_{ij} = \frac{x_{ij}}{\sum_{i=1}^{c} x_{ij}} \tag{4-3}$$

计算第 j 项指标的熵值，其中 $k = \frac{1}{\ln(c)}$，如公式（4-4）所示。

$$e_j = -k \sum_{i=1}^{c} p_{ij} \ln(p_{ij}) \tag{4-4}$$

计算第 j 项指标的熵权，如公式（4-5）所示。

$$w_j = \frac{1 - e_j}{\sum_{j=1}^{d}(1 - e_j)} \tag{4-5}$$

使用专利特征测度挖掘核心技术时，一项专利的核心技术指数越高，专利具有的核心特征就越强，越可能成为核心技术专利。因此设定CTI指数高于 CTI 指数平均值的专利为核心专利,所代表的技术为核心技术,CTI 指数低于 CTI 指数平均值的专利技术作为互补技术。

3. 架构技术与元件技术识别

根据上一步的结果,在已经被确定的核心技术专利中进一步识别架构技术专利和元件技术专利。现有研究把专利特征信息作为结构化分类的标准,因此选择与架构技术和元件技术相关的 32 篇学术文献,运用词频统计方法,将架构技术与元件技术加以区别,经过归纳整理后,出现频次最高的前 10 个特征词见表 4.2。根据授权发明专利摘要信息中这些特征词出现的频次进行进一步进行专利类型的划分,进而识别出架构技术与元件技术。

表 4.2　　　　　　架构技术与元件技术判定特征词

技术属性	特征词
架构技术	连接、对接、结构、设计、组装、测试、平台、界面、形式、参数
元件技术	模块、部件、零件、单元、设备、装置、元器件、材料、工艺、成形

4.2.2　技术差距测算

技术差距测算的目的是掌握当前产业技术链中的四种技术属性与领先地区的技术差距。显性技术优势指数（Revealed Technological Advantage, RTA）被广泛应用于技术差距测算中,RTA 指数以授权专利数量为基础,通过计算创新主体在特定产业技术领域内所拥有的发明专利授权数量的比重,来体现该创新主体在该产业技术领域内的竞争力强弱。根据中国先进制造业技术创新链结构,架构技术、元件技术、基础技术与互补技术的 RTA 指数如公式（4-6）所示。

$$RAT_{ijt} = \frac{P_{ijt}}{\sum_{j=1}^{m} P_{ijt}} \Bigg/ \frac{\sum_{i=1}^{n} P_{ijt}}{\sum_{i=1}^{n}\sum_{j=1}^{m} P_{ijt}} \tag{4-6}$$

其中,i 表示先进制造业技术领域,j 表示与中国进行比较的地区,t 表示时间,n 表示技术领域总数,m 表示需要比较的地区总数,P_{ijt} 表示地区 j

的 i 技术领域在 t 时间段内的发明专利授权数量。当 $RTA > 1$ 时，表示该地区的该项技术领域具有比较优势，RTA 数值越大，表明比较优势越显著；当 $RTA < 1$ 时，表示该地区的该项技术领域具有比较劣势，RTA 数值越小，表明比较劣势越显著。根据公示（4-6），可依次计算中国先进制造业特定产业领域的架构技术、元件技术、基础技术和互补技术存在的技术差距。通过比较技术差距，识别出技术差距最大的技术领域，即为当前中国先进制造业技术创新链中的短板技术，可选择该技术对应的追赶路径提升其技术创新能力，弥补产业技术短板。

4.2.3 路径选择策略

四条中国先进制造业创新追赶路径之间并无优劣之分，区别在于每条路径所面临的追赶起始条件不同，根据产业技术条件与创新基础，可能同时采用多条路径或者只采用某一条路径。根据中国先进制造业创新追赶路径设计思路，从四种不同类型技术存在的技术差距和当前追赶基础两个方面来确定创新追赶路径，具体路径选择模型如图4.2所示。需要说明的是，创新追赶路径选择是一个非常复杂的过程，先进制造领域不同类型技术存在的技术差距具有唯一性，但是追赶基础存在相互转换的可能性，并且其与不同技术属性之间存在最佳匹配关系，唯有遵循最佳匹配关系，才能实现较快速度的追赶。

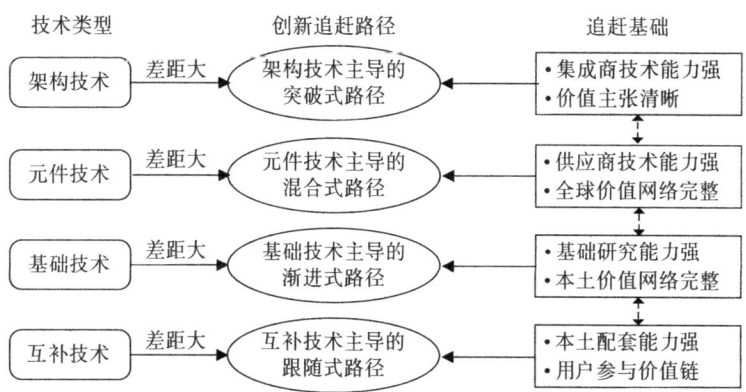

图 4.2　先进制造业技术追赶路径选择策略

1. 架构技术主导的突破式追赶路径选择策略

此路径对于产业创新基础要求相对较高,尤其要求先进制造产业具有技术能力较强的系统集成商,通过这些系统集成商设计的复杂产品系统架构,能够把上下游企业、高校、科研院所等主体带动起来,并完成复杂产品系统研发、生产与制造。现阶段,中国先进制造业各领域拥有了一批具备系统集成能力的核心企业,并且它们的架构创新能力与日俱增。该路径之所以匹配突破式创新方式,是由于唯有通过系统集成商对架构技术的突破式创新,才能实现真正意义上的"中国创造"。从价值创造维度来看,先进制造核心企业对复杂产品的价值主张十分清晰,并且有独特的市场定位,确保了产品的市场发展空间。

2. 元件技术主导的混合式追赶路径选择策略

复杂产品系统的大量元件由上下游供应商提供,系统整体性能对元件技术有较高的要求,因此该路径实现的前提是先进制造产业上下游供应商具有良好的技术能力。中国先进制造业尽管形成了完成的产业配套体系,具备强大的配套能力,但元件技术性能有待提升,尤其在产品精度、可靠性、稳定性等方面还有很大的改进空间。当然,之所以匹配混合式追赶方式,是由于上下游供应商的层次和技术水平各异,具备专精特新潜力的供应商常常具有突破式创新的能力,而其余的供应商可能要通过渐进式创新完成技术追赶。从价值创造维度来看,元件技术具备布局全球价值链的必要,并且采用全球布局能够更好的激发国内企业技术创新的动力,提高国内供应商的产品质量。

3. 基础技术主导的渐进式追赶路径选择策略

与其他路径相比,该路径追赶难度最大,这是由基础技术的积累性所决定的。由于领先者的先发优势,它们会在基础技术领域设置较高的壁垒,对后发者而言,这些技术的突破需要耗费更长的时间和更多的资源,同时要具备基础研究能力,尤其要拥有一流的高校和高质量的人力资源。因此,基础技术通过渐进式追赶的方式更加符合后发者的现实利益。当然,对于基础研究能力极强的后发者,通过基础技术的"换道超车",完全有可能实现追赶超越。从价值创新维度来看，基础技术的发展必须依赖本土各类主体构建的价值创造链，这样才能够避免关键技术领域被"卡脖子"。

4. 互补技术主导的跟随式追赶路径选择策略

该路径可能与其他路径同时存在，由于互补技术的范围更加广泛，并且突破难度相对较小，其在与基础技术形成支撑作用时，可能通过快速迭代实现追赶超越。当然，中国巨大的市场空间与类型丰富的用户群体为互补技术的快速迭代创造了有利条件。尤其对于复杂产品系统而言，本土供应商配套及用户参与，有助于快速实现产品迭代升级。

4.3　中国先进制造业创新追赶实现路径转换

中国先进制造业创新追赶实现路径选择是基于特定追赶阶段特征所作出的战略选择，但随着先进制造业技术创新链中不同类型技术完成追赶跃迁，并达到产业创新追赶的阶段性目标，产业技术创新水平与技术能力进入新阶段，此时其所适合的追赶路径就需要进行动态转换。

4.3.1　路径转换影响因素

1. 路径转换的驱动因素

根据中国先进制造业创新追赶机理，驱动创新追赶路径转换的根本原因是产业技术能力提升导致的原有创新追赶路径与产业当前的技术发展情况不相匹配。

从驱动产业创新追赶路径转换的内部因素来看，技术能力与创新资源是最关键的两个因素。先进制造业创新追赶路径转换是由于产业技术创新链升级与技术体系变革导致的，由于先进制造业创新追赶是一个持续性的动态过程，通过当前的创新追赶路径不断积累技术能力与创新资源要素，实现产业技术创新链中特定技术环节的能力提升后，整条产业技术创新链的技术能力也会得到整体提升，提升后的产业技术创新链与技术体系会产生新的追赶需求，以至于目前的创新追赶路径由于无法满足新的追赶需求，而成为技术能力提升的障碍。只有尽快实现从旧路径向新路径的转换，实现创新资源与技术能力的匹配，才可能形成全新的产业发展状态。

从驱动产业创新追赶路径转换的外部因素来看，急剧变化的外部创新环境与产业政策是最为关键的两个因素。首先，创新追赶具有极强的情境依赖性，根据动态环境调整创新追赶路径至关重要。从目前的国内外形势看，中国先进制造业面临的创新环境依然具有高度的不确定性和复杂性，西方的技术制裁进一步加速了中国先进制造业核心技术的自立自强，更加坚定了突破产业"卡脖子"技术的决心和毅力，进一步加快创新追赶迫在眉睫。其次，国内外高度不确定的创新环境引起中国产业政策的重大调整，各级政府综合使用了科技创新、财政、教育等各类产业政策刺激先进制造业发展，结合政策落地情况动态调整并选择适宜的创新追赶路径十分关键。

2. 路径转换的阻碍因素

当确定适宜的创新追赶路径后，先进制造企业、高校、科研院所、供应商等主体都会围绕该路径方向进行资源配置，从而带来产业技术能力的提升。随着创新资源持续投入与技术能力的积累，先进制造技术创新链的低端环节逐步被突破，整个产业亟待向高端升级，但由于能力刚性与路径依赖，中国先进制造业可能被锁定在某个创新追赶路径之中，创新主体的技术能力也会固化于某个状态无法进一步提升。此时，打破路径依赖的最好方式就是借助外部力量进行主动的路径转换，根据当前创新追赶路径推进中面临的问题，重新对产业技术发展的内外部环境进行分析，选择并采取适当措施打破原有路径条件下资源的配置方式，根据技术创新链与价值创造链发展情况，重新选择适合当前产业现状的创新追赶路径，并做好旧路径与新路径的顺利转换。如果无法及时推动这种路径转换，先进制造产业可能会由于无法适应新市场或新环境需求而进入停滞期。

4.3.2 路径转换方式

中国先进制造业创新追赶存在不同的追赶阶段,并且每个阶段都存在一个或多个薄弱的技术环节,这些处于劣势的技术环节成为制约产业可持续追赶的关键。当选择科学合理的创新追赶路径并提升该劣势技术的创新能力之后,产业技术创新链中不同类型技术的 RTA 指数会发生变化,此时需要进行创新追赶路径的转换。具体而言,存在技术差距动态转换和创新方式类型转换两种可能方式。

1. 技术差距动态转换

在创新追赶过程中,后发者与领先者同步实现技术进步,一旦后发者技术薄弱环节得不到及时弥补,可能会被领先者越拉越远。随着中国先进制造业技术创新链薄弱环节被弥补,可能出现新的技术薄弱点,此时需要重新计算各属性技术的 RTA 指数,根据技术属性识别流程重新识别制约产业创新追赶的劣势技术类别,再结合创新追赶路径选择流程重新确定适宜的追赶路径。

2. 创新方式类型转换

不同类型的产业创新方式意味着需要动员不同创新主体的技术、人员与资源要素,对中国先进制造业而言,不同产业领域的创新基础相差较大,能够适用的创新方式存在差异。一般情况下,突破式追赶方式需要产业领域内各主体具备一定的技术能力,而渐进式追赶方式、混合式追赶和跟随式追赶方式均对技术能力要求不高,并且适宜于追赶起步阶段。因此,一旦由于资源和环境变化导致创新追赶方式发生变化,其所匹配的追赶路径就应该动态转换。

4.3.3 路径转换策略

四条创新追赶路径之间存在动态转换关系,这种转换关系以先进制造业技术差距变化为基准,同时由于受到创新方式转换的影响,产业创新追赶实现路径的转换需要承担相应的成本,并且会承担较大的创新风险,尤其转入架构技术主导的突破式创新追赶路径时,复杂产品系统面临的巨大的创新风险需要及时化解。因此,不同创新追赶路径转换需要考虑以下三方面策略。

1. 建立技术差距监测动态机制

对后发者而言,清醒的认识并长期监测与领先者之间的技术差距十分重要。中国先进制造业涉及的领域十分广泛,不同产业领域的技术差距有所不同,并且这种差距一直处于动态变化之中,准确掌握领先者技术动态,并开展前沿技术跟踪与监测,运用数据挖掘及相关算法,建立显性比较优势指数的动态监测系统对实现不同创新追赶路径之间的转换具有重要指导意义。

2. 建立路径转换成本分担机制

创新追赶路径进行转换时,已有创新投入可能会成为沉没成本,但部分投入会转化为产业技术工人的技能与创新主体的技术能力。例如从聚焦元件技术转为聚焦架构技术追赶,这个过程不仅仅涉及创造资源的重新配置,还牵扯到已有创新投入无法转化为创新产出而引起的成本变化。因此,先进制造领域创新追赶路径进行转换时有必要提前进行系统的投入产出测算。当然,很多情况下后发者为了突破"卡脖子"领域,可能进行不计成本的创新投入。

3. 建立路径转换风险监测机制

巨大的路径转换成本意味着潜在的创新追赶实现路径转换风险,这种风险可能来自于产业创新环境、技术范式和先进制造业市场三个维度。第一,激烈变化的内外部环境是带来先进制造业路径转换风险的首要因素,现阶段中国先进制造业追赶面临的国际形势极其不稳定,技术制裁的进一步加剧可能成为不同路径之间进行转换的巨大障碍。第二,部分先进制造业领域尚未形成主导技术范式,不同类型技术之间的转换可能引起技术范式之争,从而引发潜在创新风险。第三,国内先进制造业市场梯度明显,本土产品通过创新追赶路径转换进入高端市场时,往往不被本土用户接受,从而产生潜在市场风险。

第 5 章

中国先进制造业创新追赶实现路径控制

对中国先进制造业创新追赶实现路径的有效控制是路径管理的重要环节，有利于确保创新追赶目标的实现，并及时发现路径实现过程中存在的潜在风险。一方面，基于路径实现全过程，建立相关机制保障，能够提高创新追赶路径的现实指导性；另一方面，做好实现路径效果反馈对路径优化与改进意义重大。

5.1 中国先进制造业创新追赶实现路径控制原则与思路

5.1.1 实现路径控制原则

中国先进制造业创新追赶实现路径控制主要是基于平衡和动态的总体考虑，其设计需要遵循以下原则。

1. 平衡性原则

中国先进制造业的创新追赶过程涉及核心制造企业、高校、科研院所等各类创新主体，以及主导技术范式确定、市场价值主张、传递及分配等多个环节，需要全面平衡各类主体和要素的关系，并对关键要素和环节进行有效控制。

2. 动态性原则

中国先进制造业创新追赶实现路径控制要把握追赶过程的特点，对追赶风险进行动态监测、评价及有效应对，并形成实现路径的控制闭环，做到对实现路径优化与改进的动态控制。

3. 激励性原则

中国先进制造业创新追赶实现路径控制的目的是实现阶段性追赶目标，并激励后发者向领先者不断学习，从而实现竞争地位提升。尤其要通过对不同实现路径效果的评价，形成良性的激励约束机制，保障实现不同路径的动态管理。

5.1.2 实现路径控制思路

中国先进制造业创新追赶实现路径控制是针对产业创新追赶实现全过程状态的全面扫描和分析，其主要目标是把握和明确创新追赶路径实现过程中的关键点、潜在风险和改进方向。

1. 把握中国先进制造业创新追赶过程中的关键点

把创新实现路径转化为追赶实践需要技术创新链与价值创造链的科学构建与高效运作，从价值创造主体和技术创新方向两个维度进行关键点控制，有利于提高追赶路径的实施效果。

2. 明确创新追赶过程中的潜在风险

中国先进制造业创新追赶过程存在巨大的创新风险，尤其在追赶路径转换阶段，通过多种因素综合分析，找出潜在风险因素，从而有利于保障创新追赶路径的顺利推进。

3. 做好创新追赶实现路径效果反馈

不同类型创新追赶实现路径的作用效果有所不同，针对不同追赶实现路径作用效果的动态评价是路径控制的重要内容,通过路径效果评价,为路径改进与优化提供了方向和依据。

5.1.3 实现路径控制模型

中国先进制造业创新追赶路径控制是不断调整当前路径与最优路径之间差距的过程,从追赶效果来看,进入期之后,与当前先进制造业创新状态相匹配的创新追赶路径逐步推进,追赶效果也同步提升,但由于路径依赖和能力刚性的存在,原有创新追赶路径的效果会出现下降。此时主动的关键点控制能够减小原有路径与最优追赶路径之间的差距,起到了十分关键的作用。除此之外,针对实现路径的控制需要兼顾风险控制和效果反馈两个重要维度。中国先进制造业创新追赶实现路径的控制模型如图 5.1 所示。

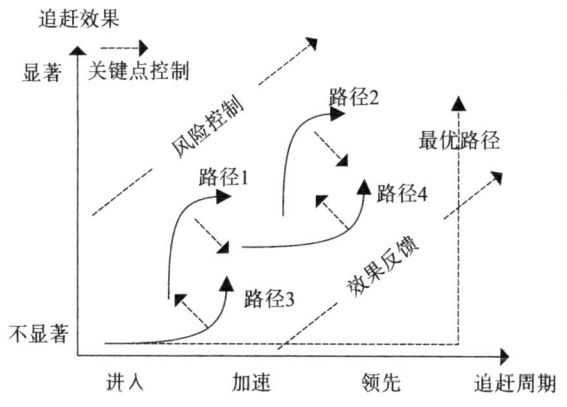

图 5.1 创新追赶实现路径控制模型

5.2 中国先进制造业创新追赶实现路径关键点控制

根据中国先进制造业创造追赶实现路径设计原理,价值创造主体和技术创新方向成为需要控制的两个关键点。一方面,由于先进制造业创新活动复杂，创新主体多元，政府、企业、高校在创新追赶过程中发挥着不同的作用，另一方面对于技术范式不确定的先进制造业领域，技术范式之争往往容易成为创新追赶目标实现的障碍。例如中国高铁列车在发展初期就经历了长达十年的技术范式争论，一些人主张发展轮轨式高速列车，另一些人则主张直接发展更先进的磁悬浮列车，这种技术范式争论无形中延长了追赶时间。

5.2.1 技术创新方向控制

弥补中国先进制造业各类技术与领先者之间存在的技术差距是核心目标，然而不同追赶路径能够实现的创新追赶目标截然不同，不同路径在实践推进中总会遇到技术创新方向不确定等一系列问题，因此对技术创新方向的控制要重点关注技术路线选择、技术方向预见和技术研发支持三个方面。

1. 技术路线选择

无论架构技术、元件技术还是基础技术、互补技术，都会涉及技术路线选择问题。利用先发优势，领先者会通过知识产权、技术转移等手段建立技术壁垒，后发者如果遵循领先者的技术路线进行追赶，那么很难绕过较高的技术壁垒，相反，如果后发者选择新的技术路径，则同样面临技术能力不足的现实问题。因此，后发者通过在技术路线选择方面会陷入两难。对于中国先进制造业而言，部分处于并跑阶段的领域由于积累了一定的技术能力，应该率先进行全新技术路线的探索，加速形成自主可控的技术体系；对于依然处在跟跑阶段的领域，需要在跟随领先者技术路线的同时，努力探索全新的技术路线，抓住机会窗口实现"换道超车"。后发者与领先者先进制造业的技术路线之争非常激烈，对于后发者具有挑战，需要政府、先进制造企业、高校、科研院所之间的通力合作。

2. 技术方向预见

随着数字技术与实体经济融合发展，先进制造领域的各类技术都在以前所未有的态势高速发展，由于领先者占据大量信息和资源优势，他们能够迅速的把握前沿技术，并建立持续领先的技术优势。对于后发者而言，加强技术发展方向预见是把握前沿技术方向的重要途径。中国先进制造业的各类技术水平参差不齐，专项领域的技术预见可以由政府牵头、行业协会、核心制造企业、高校等主体共同参与完成，技术方向预见结果可以为整个行业把握技术创新机会、降低创新成本提供参考借鉴。

3. 技术研发支持

先进制造业关键核心技术"卡脖子"会影响到国家安全和产业安全，因此，政府在推动先进制造业创新追赶方面不留余力。通过设立科技创新重大专项等各类科技项目，持续支持先进制造业关键技术研发。当然，先进制造企业的技术研发投入依然是促进技术能力提升的关键，尤其系统集成商必须高度重视技术研发投入，并且重视对前沿技术的探索，真正建立以企业为主的先进制造技术创新体系。

5.2.2 价值创造主体控制

参与先进制造业价值活动的主体很多元，其中不同主体在追赶不同阶段发挥的作用不尽相同。

1. 政府

相比于大规模制成品行业的创新追赶过程，政府在先进制造业创新追赶中发挥了最大的作用，尤其对于前沿技术路线布局、市场需求创造、资源配置等方面起到举足轻重的作用。首先，对于中央政府和地方政府，要始终保持对先进制造业赶超的坚定意志，面对动荡的内外部环境，政府高层坚定不移的赶超决心将会是巨大的动力。其次，在追赶目标实现过程中，各级政府要注重先进制造技术、前沿技术、颠覆性制造技术等不同类型技术的战略性布局，并在追赶的不同阶段做好战略规划引导。最后，政府要努力激发国内超大规模的市场优势，为本土先进制造产品创造市场机会，为产品性能提升提供帮助。

2. 系统集成商

很多情况下，国有企业往往充当了中国先进制造业中的系统集成商，这些企业掌握了大量优质的创新资源，具备良好的创新能力，具有在创新追赶中承担重任的能力。在中国高铁、核电与航空航天产业的成功追赶过程中，系统集成商的协调、整合以及自身技术能力都是影响追赶的关键变量。尤其对于那些现阶段处于并跑状态的先进制造领域而言，系统集成商基本已经拥有了高质量的创新资源，并且也是国家战略科技力量的重要组成部分，激发这些企业的自主创新动力，通过与高水平大学的联合攻关，能够在架构技术、基础技术等方面实现自主可控。但对于依然存在较大差距的先进制造业领域而言，系统集成商仍然需要坚持对标国标前沿，跟踪领先者的技术动态，加强行业资源整合，把提高企业的系统集成能力作为重要突破目标。

3. 供应商

围绕系统集成商，目前中国先进制造业大量上下游供应商的产品性能依然不能满足复杂产品系统的要求，产品质量标准有待提升，尤其对于依然存在较大差距的先进制造领域，要引导更多中小型企业走专精特新之路，改善产品质量，提高零部件可靠性。当然，从我国已经成功追赶的产业领域来看，引进消化再吸收依然是零部件供应商在追赶初期提高自主创新能力的重要途径，但随着追赶过程的深入推进，自主技术研发与设计能力才是供应商核心竞争力的体现。

4. 高校和科研院所

基础技术追赶是中国先进制造业创新追赶中难度最大的环节，也是代表中国先进制造业从跟跑到领跑的重要标志。高校在科学研究、人才培养和服务社会方面发挥着重要作用，科研院所作为基础研究和应用基础研究的重要力量，在带动先进制造领域基础技术突破方面具有优势。目前中国已经拥有了一大批高水平高校、科研院所和一批优秀的科学家群体，在数学、化学、材料科学等基础研究领域积累了一定的研究成果，但面向中国先进制造业基础技术突破需求的研究依然需要加强，高校和科研院所的有组织创新活动仍然需要提高，尤其要增强与先进制造企业的合作交流，坚持问题导向，担负起以高水平科研服务创新追赶的责任和使命。

5.3 中国先进制造业创新追赶实现路径风险控制

中国先进制造业创新追赶实现路径的风险控制是保证创新追赶过程平稳发展的关键。由于追赶过程涉及多主体、多要素和多环节，会遇到不同来源的风险诱发因素，这些诱发因素即可能直接对技术追赶路径推进造成影响，还可能通过间接作用产生影响，还有可能不产生任何潜在影响。因此，实现路径风险控制的第一步是针对潜在诱发因素的风险因素识别，在此基础上进行针对具体实现路径的风险预警评价，最后提出风险应对策略。具体风险控制内容与方法如图5.2所示。

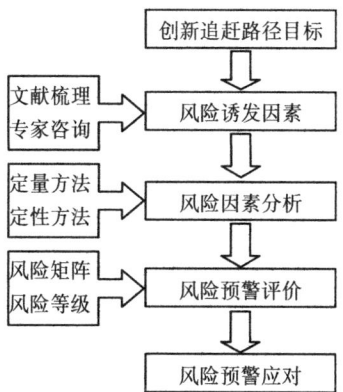

图 5.2　创新追赶实现路径风险控制内容与方法

5.3.1　风险因素识别

中国先进制造业创新追赶实现路径风险因素识别是从众多影响创新追赶路径推进的因素中找到可能产生潜在风险的诱发因素的过程。创新追赶实现路径的关键点是打造技术创新链和价值创造链，因此从影响创新追赶路径推进过程的诱发因素来源看，可以分为技术创新链风险和价值创造链风险。在技术创新链风险方面，系统集成商与上下游供应商、高校、科研院所最终形成复杂的技术合作网络，技术合作过程中在关系维系、供应链管理、创新资金管理等都可能成为风险潜在诱发因素。在价值创造链方面，价值主张变更、价值传递渠道和价值分配方式都会造成潜在影响。通过对现有文献的系统梳理与专家咨询，选择出被普遍认可的具体的风险类型及诱发因素，见表5.1。

表5.1　　　　　　　　创新追赶实现路径的风险诱发因素

来源	类型	诱发因素
技术创新链风险	关系风险	伙伴选择
		伙伴沟通
		伙伴冲突
	管理风险	退出机制
		绩效评价
	财务风险	资金投入
		数据造假
	道德风险	机会主义
		技术伦理
价值创造链风险	价值主张变更风险	政府主导
		系统集成商主导
		用户参与
	价值传递渠道风险	渠道封闭
		渠道单一
		时效性
	价值分配方式风险	合理性
		激励性

5.3.2　风险预警评价

在系统梳理多种风险诱发因素的基础上，接着进行诱发因素的风险预警评价有利于找到创新追赶路径推进过程中的潜在风险。不确定性和影响程度是进行风险诱发因素排序的重要维度，不确定性指的是风险发生的可能性，并且能够被定性或定量表示，而影响程度是风险发生后对创新追赶目标产生的直接或间接影响,并不容易进行测度。结合对先进制造业创新追赶路径实现过程中风险不确定性和影响程度的分析,确定创新追赶实现路径风险预警评价指标体系。

从风险诱发因素的影响程度来看,创新追赶路径推进过程的核心是架构技术、元件技术、基础技术等各类技术的突破,其核心是构建集中各类创新资源形成满足技术突破要求的技术创新网络,该网络的组建、运行与维护以及先进制造业技术能力提升是主要任务,不同追赶路径推进与路径转换时面临的最大挑战是网络的解体和存在的能力刚性。一方面,系统集成商作为网络核心与其他主体之间缺乏信任或者出现道德风险等都会造成创新网络解体,导致供应链断供从而产生系统性风险。另一方面,路径依赖与能力刚性容易使后发者陷入技术反复引进的怪圈,从而导致先进制造业技术追赶停滞。对中国先进制造业而言,产业创新人才不足和创新资金损失同样会造成潜在风险,这些创新人才既包括高端领军人才,也包括高技能人才,而创新资金风险主要来源于巨大的研发投入和可能的沉没成本。

从风险诱发因素的不确定性来看,在缺乏历史数据的情况下具有很强的主观性,考验着决策者的智慧。一方面政府在谋划先进制造业技术追赶方向时,如果对各种内外部影响估计不足,则可能导致系统性追赶停滞。另一方面,先进制造企业决策者如果对风险因素预估不足,可能造成巨大的资源浪费。综合以上两个方面,建立中国先进制造业创新追赶实现路径的风险预警评价指标体系,见表5.2。

表5.2　　　　　　创新追赶路径的风险预警评价指标体系

主维度	子维度	内涵解释
影响程度	技术创新网络解体风险 F_1	风险发生导致不同主体之间信任缺失引起合作网络解体
	技术能力僵化风险 F_2	风险发生阻碍知识创造,导致能力固化,造成追赶停滞
	创新人才不足风险 F_3	风险发生造成研发人才、技能型人才流失
	创新资金损失风险 F_4	风险发生技术研发投入损失或产生大量沉没成本
不确定性	风险发生可能性 F_5	根据历史数据或专家建议判断得到的风险发生的可能等级

由于产业创新追赶是一个复杂的系统性过程,专家对产业创新追赶状

态具有深刻的感知和认识，因此对上述不同风险预警评价指标的重要程度需要通过专家主观判断确定，具体步骤如下。

1. 定义梯形模糊数的基本内容

梯形模糊数 M 定义为 $U_M(x) = (p, n, m, u)$，其中 p 和 u 分别是模糊集的上限和下限，当 $n = m$ 时，则 M 称为三角模糊数，梯形模糊数的隶属度函数见公式（5-1），图5.3给出了隶属函数的图形表达。

$$U_M(x) = \begin{cases} (x-p)/(n-p), & p < x < n \\ 1, & n < x < m \\ (u-x)/(u-m), & m < x < u \\ 0, & 其他 \end{cases} \quad (5-1)$$

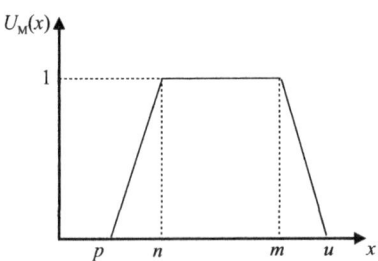

图5.3　梯形模糊数隶属函数的图示

实际判断中，专家给出对风险影响判断的语言变量，语言变量与模糊数的对应关系见表5.3。

表5.3　　　　　　语言变量对应的梯形模糊数

语言变量	对应的模糊数
非常低（VL）	(0, 0.1, 0.2, 0.3)
低（L）	(0.1, 0.2, 0.3, 0.4)
中等（M）	(0.3, 0.4, 0.5, 0.6)
高（H）	(0.5, 0.6, 0.7, 0.8)
非常高（VH）	(0.7, 0.8, 0.9, 1)

2. 构建初始决策矩阵

由于风险的发生会对先进制造业造成不同程度的影响，产生不同可能结果,因此全面的风险预测常常包含不同情景下的风险预警,依次为乐观情景、现实情景和悲观情景。假设 $a_{kij}=(A_{kij},B_{kij},C_{kij})$ 表示悲观情景、现实情景和乐观情景下第 k 个专家对第 i 个风险诱发因素在第 j 个风险子维度的风险偏好,专家按照语言集{非常低,低,中等,高,非常高}进行风险偏好判断,则第 k 个专家的风险偏好判断表见表5.5。

表5.4　　　　　　　　　第 k 个专家的风险偏好判断表

因素	悲观情景					现实情景					乐观情景				
	F_1	F_2	F_3	F_4	F_5	F_1	F_2	F_3	F_4	F_5	F_1	F_2	F_3	F_4	F_5
R_1	A_{k11}	...	...	A_{k14}	A_{k15}	B_{k11}	...	...	B_{k14}	B_{k15}	C_{k11}	...	...	C_{k14}	C_{k15}
R_2															
...	...	...	...	...	...	...	...	...	...	...	...	...	...	...	...
R_i	A_{ki1}	...	...	A_{ki4}	A_{ki5}	B_{ki1}	...	...	B_{ki4}	B_{ki5}	C_{ki1}	...	...	C_{ki4}	C_{ki5}
...															
R_q	A_{kq1}	...	...	A_{kq4}	A_{kq5}	B_{kq1}	...	...	B_{kq4}	B_{kq5}	C_{kq1}	...	...	C_{kq4}	C_{kq5}

将第 k 个专家的风险偏好转化成相应的梯形模糊数,即 $\tilde{a}_{kij}=(p_{kij},n_{kij},m_{kij},u_{kij})$,其中 $i=1,2,\cdots,q$, $j=1,2,\cdots,5$,则初始决策矩阵见公式(5-2)。

$$\tilde{H}_{kij}=\begin{bmatrix}\tilde{a}_{k11}&\tilde{a}_{k12}&\cdots&\tilde{a}_{k1j}\\\tilde{a}_{k21}&\tilde{a}_{k22}&\cdots&\tilde{a}_{k2j}\\\cdots&\cdots&\cdots&\cdots\\\tilde{a}_{ki1}&\tilde{a}_{ki2}&\cdots&\tilde{a}_{kij}\end{bmatrix}$$

$$=\begin{bmatrix}(p_{k11},n_{k11},m_{k11},u_{k11})&(p_{k12},n_{k12},m_{k12},u_{k12})&\cdots&(p_{k1j},n_{k1j},m_{k1j},u_{k1j})\\(p_{k21},n_{k21},m_{k21},u_{k21})&(p_{k22},n_{k22},m_{k22},u_{k22})&\cdots&(p_{k2j},n_{k2j},m_{k2j},u_{k2j})\\\cdots&\cdots&\cdots&\cdots\\(p_{ki1},n_{ki1},m_{ki1},u_{ki1})&(p_{ki2},n_{ki2},m_{ki2},u_{ki2})&\cdots&(p_{kij},n_{kij},m_{kij},u_{kij})\end{bmatrix}$$

(5-2)

3. 计算模糊评估值

选择加权平均法计算 k 个专家对不同情景下风险因素的5个风险子维

度的模糊评估均值 $\bar{a}_{kij} = (\bar{p}_{kij}, \bar{n}_{kij}, \bar{m}_{kij}, \bar{u}_{kij})$，即对初始评估矩阵 $\tilde{H}_{kij}$ 中每一列评估的梯形模糊数进行均值计算，模糊评估均值的计算见公式（5-3）。

$$\bar{a}_{kij} = \frac{\sum_i \sum_j (\bar{p}_{kij} \oplus \bar{n}_{kij} \oplus \bar{m}_{kij} \oplus \bar{u}_{kij})}{k} \quad (5-3)$$

其中"$\oplus$"是加法算子，选择均值面积法对模糊平均数 $\bar{a}_{kij}$ 进行解模糊计算得到模糊评估值，见公式（5-4）。

$$D(a_{kij}) = \frac{p + m + n + u}{4} \quad (5-4)$$

4. 计算预警评价指标维度的指标权重

采用最优最劣解方法，由专家首先分别确定一个最优风险维度和一个最劣风险维度，然后利用李克特打分法，判断最优维度相对于其他维度的偏好程度，构建比较向量 $A_B = (a_{b1}, a_{b2}, \cdots, a_{bn})$，判断其他维度相对于最劣维度的偏好程度，构建比较向量 $A_W = (a_{1w}, a_{2w}, \cdots, a_{nw})$，最后建立线性规划模型求解，见公式（5-5）。

$$\begin{aligned}
&\min \quad \lambda \\
s.t. \quad &\left| \frac{w_b}{w_j} - a_{bj} \right| \leq \lambda, \forall j \\
&\left| \frac{w_j}{w_w} - a_{jw} \right| \leq \lambda, \forall j \\
&\sum_j w_j = 1, \\
&w_j \geq 0, \forall j
\end{aligned} \quad (5-5)$$

其中，w_j 是最终求解的预警指标维度 j 的权重。

5. 计算不同情境下风险因素的警情大小

采用加权求和方法计算影响程度和不确定性的警情大小，见公式（5-6）。

$$I_i = \sum_{j=1}^{4} w_j a_{kij} \quad (5-6)$$

6. 警情定位

根据风险诱发因素的不确定性和影响程度两个维度的计算结果，定位不同情境下中国先进制造创新追赶实现路径的警情,如图5.4所示。

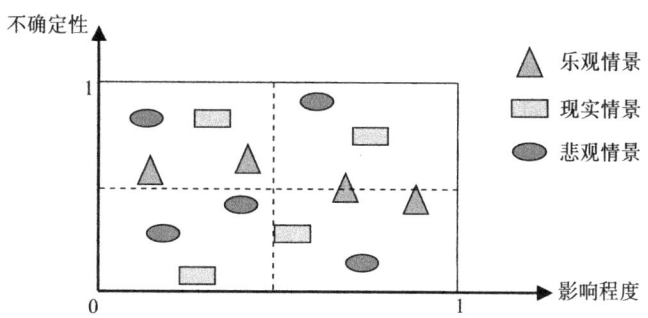

图 5.4　产业创新追赶实现路径的警情定位矩阵

5.3.3　风险预警应对

中国先进制造业创新追赶实现路径的风险预警应对机制是根据不同情景下的风险警情而构建的具体应对方案与措施的组合。从创新追赶过程来看,预警应对主要针对不同路径推进过程中技术创新链与价值创造链构建、发展与升级时,各种情景下风险影响程度和不确定性的及时反应,具体风险应对矩阵如图5.5所示。

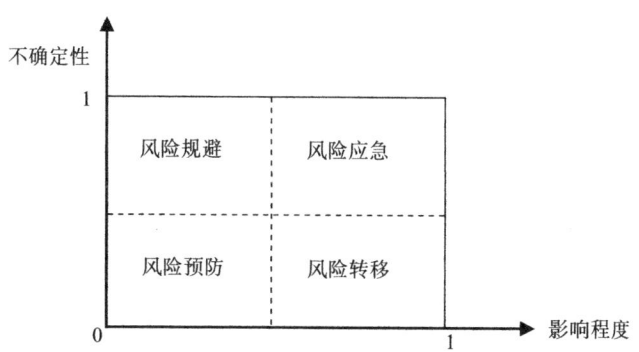

图 5.5　产业创新追赶实现路径的风险应对矩阵

1. 风险预防

处于不同追赶阶段的中国先进制造业都需要潜在风险预防,这是针对技术创新链和价值创造链构建过程中影响程度低、不确定性低的各类潜在风险因素的系统性预防。属于风险常态化管理方式,创新追赶实现路径风险预防的主要目标是提前发现并阻止可能发生的潜在风险,其实施主要以先进制造业的产业管理部门为主体,在产业系统内核心企业、高校、科研院所等利益主体的全力配合下,综合运用专利挖掘、技术预见、合作交流等各类手段,通过对中国先进制造业运行数据的收集分析、领先者产业技术水平与政策的分析以及国内外产业环境的动态监控,形成常态化产业创新追赶风险预防方案。具体而言,产业管理部门可以采取多种措施,见表5.5。

表5.5　　　　　　　　产业创新追赶路径的风险预防方案

措施组合	措施重点内容
专利措施	加强国内外先进制造业技术情报分析,定期发布前沿技术专利报告,对重点企业、重点区域的先进制造业专利布局进行提前预警。
技术措施	围绕技术差距较大的核心技术和产业共性技术,鼓励协同创新与自主技术研发,推动产业技术标准的制定、扩散和实施,推动国内标准国际化,降低技术风险。
政策措施	形成鼓励创新的政策体系,围绕先进制造业技术创新网络布局创新政策,提高政策可操作性和针对性,把政策风险降到最低。
人才措施	建立适合先进制造业产业追赶要求的人才培育、引进和流动机制,提前做好人才储备和后备人才培养,降低由于人才短缺引起的产业危机。
其他措施	产业管理部门的风险预防措施需要结合具体细分领域、核心先进制造企业以及行业协会的相关措施综合发挥作用。

2. 风险转移

主要针对中国先进制造业创造追赶过程中影响程度低、不确定性高的各类风险因素,其主要应对目标是转移不确定性。一般而言,不确定性高的风险因素可以通过正式或非正式形式转移给第三方,或者扩大先进制造产业技术创新网络规模,引入更多的主体分担风险,对于中国先进制造业而言,中央政府和国有企业在风险转移中承担了重要角色。例如,在核电、高铁、航空航天等先进制造产业领域,面对高度不确定的产业技术路线,中央政府坚定的意志和国有企业的巨额投入为这些领域的追赶奠定了基础,分担了追赶失败造成的大部分成本。当前,风险转移的其他渠道包括共建产学研联盟或协同创新组织,降低每个创新主体能够承担的不确定性,还可以通过保险、再保险等不同形式转移不确定性。

3. 风险规避

主要针对中国先进制造业创造追赶过程中影响程度高、不确定性低的各类潜在风险因素，其主要应对目标是降低风险损失。影响程度高的风险因素常常会引起追赶过程的破坏性变化，比如产业领域内系统集成商价值主张的变更会带来技术合作网络的解体，中国高铁产业近十年技术路线之争结束后，原本进行磁悬浮列车研发的机车制造商不得不放弃所有前期投入，转入轮轨列车的研制与生产。当然，影响程度高、不确定性低的这类风险诱发因素常常可以通过历史数据充分了解，并采取伙伴重新选择或者引入竞争机制等方式进行规避。

4. 风险应急

针对既不能转移也不能规避，而且影响程度高、不确定性高的风险诱发因素，必须制定风险应急方案，以应对风险发生时带来的危害。中国先进制造业创新追赶要经历长期过程，控制并积极应对那些对产业追赶实现路径起到关键影响的风险诱发因素至关重要。例如面对当前复杂动荡的国际环境，中国先进制造业要全面做好建立本土供应链网络的准备，以应对随时可能发生的技术断供。产业创新追赶的风险应急方案是结合创造追赶关键要素的风险特点而制定的十分必要和有效的措施，整体的风险应急流程如图 5.6 所示。

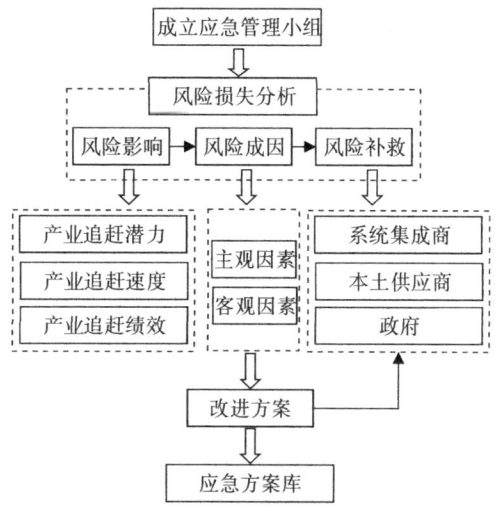

图 5.6　风险应急流程

风险应急机构的成立不是临时的，应该成为中国先进制造业创新追赶实现路径风险管理活动的重要组成部分，其机构成员可以由产业管理部门、先进制造领域的企业代表、行业协会代表、专家等不同层面的人员组成，主要负责风险发生后的协调与沟通管理工作。风险损失分析包含了对风险造成的影响、成因及补救措施的分析，风险影响分析涵盖了对产业追赶潜力、追赶速度及绩效的影响分析，也包括是否对现有技术创新网络造成破坏、是否对产业架构技术、元件技术等核心技术研发产生重大影响、是否对产业供应链企业产生影响等多个方面，风险成因分析首先要对风险诱发因素进行分类，并明确这些因素是客观因素还是主观因素，再制定相应的改进方案，并采取风险补救措施。

5.4 中国先进制造业创新追赶实现路径效果反馈

创新追赶的核心目标是实现技术创新能力的提升，无论选择并实施哪一条创新追赶路径，其路径实施效果最终都通过先进制造业技术创新能力得以体现，因此从产品创新和工艺创新维度提出先进制造业技术创新能力评价指标体系，并提出基于云模型的中国先进制造业技术创新能力评价方法。

5.4.1 实现路径效果评价

1. 评价指标体系构建

中国先进制造业创新追赶过程是产品创新能力和工艺创新能力不断提高的过程，其中，产品创新能力体现在技术研发能力、产品设计能力和市场营销能力，工艺创新能力体现在生产设备更新和生产流程改造两个方面，同时考虑到数据可得性等因素，最终构建包含 2 个一级指标、5 个二级指标、9 个三级指标的先进制造产业技术创新能力评价指标体系，见表 5.6。

表 5.6　　先进制造产业技术创新能力评价指标体系

一级指标	二级指标	三级指标	指标类型
产品创新能力 A_1	技术研发 A_{11}	R&D 投入 A_{111}	定量
		发明专利数量 A_{112}	定量
		发明专利质量 A_{113}	定量
	产品设计 A_{12}	用户参与产品设计情况 A_{121}	定量
		新产品数 A_{122}	定量
	市场营销 A_{13}	市场增长率 A_{131}	定量
		市场满意度 A_{132}	定性
工艺创新能力 A_2	生产设备更新 A_{21}	数字化生产设备投入 A_{211}	定量
	生产流程改造 A_{22}	生产流程智能化程度 A_{221}	定性

（1）产品创新能力。

技术研发能力是保持先进制造业持续竞争力的核心，较高的研发投入是国内外先进制造企业的通行做法。采用行业规模以上企业 R&D 投入、发明专利数量和发明专利质量进行表征。其中专利数量采用当年授权发明专利总量，而专利质量越高，被引用的可能性越大，因此专利质量采用专利被引用总数量进行测度。

产品设计能力是先进制造企业将核心技术与用户价值主张转化为实际产品的关键。采用用户参与产品设计情况和新产品数来表征，其中用户参与产品设计情况是"用户"及相关词频在行业规模以上企业年报、社会责任报告中出现的频率，新产品数量由统计年鉴获得。

市场营销能力体现了先进制造产品的市场认可程度。采用市场增长率和市场满意度来表征，其中市场增长率从行业规模以上企业年度报告中获得，市场满意度通过第三方机构调查后获得。

（2）工艺创新能力。

数字化转型已经成为中国先进制造业追赶的重要维度和途径，尤其对于生产工艺创新中的数字化改造成为体现追赶成效的重要方面。对于生产设备更新情况，可以使用数字化生产设备投入进行表征，以行业规模以上企业当年固定资产中数字化设备投入增长量做代理变量。对于生产流程改造情况，使用生产流程的智能化程度进行定性评价。

2. 评价模型构建

由于表5.6构建的先进制造业技术创新能力评价指标体系同时包含定量指标与定性指标，为了减少定性评价的不利影响，同时兼顾定量评价的客观性，采用变异系数法确定评价指标权重，并运用云模型评价方法对定量指标与定性指标的等级进行确认。基于此构建的先进制造业技术创新能力评价云模型能够同时综合客观数据和主观判断，具有很强的可操作性，具体模型评价流程如图5.7所示。

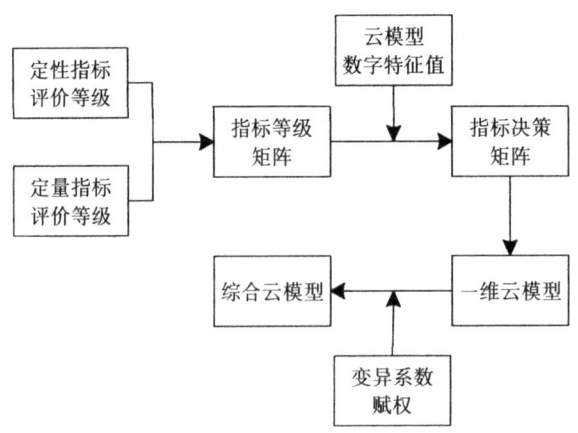

图5.7 先进制造业技术创新能力评价云模型构建流程

先进制造业技术创新能力评价云模型构建主要包括以下环节。

（1）构建一维正态云模型。

定义1：假设U是一个由数值组成的定量论域，C是U中的定性语言概念，若$x \in U$，且x是U的一次随机实现，U中x对C的确定度$\mu(x) \in [0,1]$是具有稳定倾向的随机数。概念C的云模型是从论域U到$[0,1]$上的映射，若$\mu:U \in [0,1]$，$\forall x \in U$，$x \to \mu(x)$，则x在论域U上的分布为云，每一个x称为云滴。

定义2：云模型中云的期望E_x、熵值E_n和超熵H_e分别反映了概念的不同特性。期望E_x是概念在论域空间中的期望值，即最能代表定性概念的点。熵E_n表示定性概念的随机性，各个云滴的离散程度反映了云的跨度。熵E_n的大小体现了取值的可接受范围大小，以及定性概念模糊程度。超熵

H_e 是 E_n 的不确定程度的度量值,通过云的厚度反映了定性概念不确定的凝聚性,见公式(5-7)。

$$\begin{cases} E_x = (E_{x1} + E_{x2} + \cdots + E_{xn})/n \\ E_n = [\max(E_{x1}, E_{x2}, \cdots, E_{xn}) - \min(E_{x1}, E_{x2}, \cdots, E_{xn})]/6 \\ H_e = k \end{cases} \quad (5-7)$$

定义3:将指标评价等级划分为{很差,差,一般,好,很好},利用双边约束法确定各等级的特征值,端点选择半云模型进行表示,Q 为区间值,见公式(5-8)。

$$\begin{cases} E_x = (Q_{\min} + Q_{\max})/2 \\ E_n = (Q_{\max} - Q_{\min})/6 \end{cases} \quad (5-8)$$

评价等级与数字特征值对应关系见表5.7。

表5.7　　　　　指标评价等级与数字特征值对应关系

等级	很差	差	一般	好	很好
区间	[0, 0.2]	(0.2, 0.4]	(0.4, 0.6]	(0.6, 0.8]	(0.8, 1]
期望值	0	0.3	0.5	0.7	1
熵	0.0167	0.0333	0.0333	0.0333	0.0167

(2)确定指标等级。

假设评价指标集 $U = \{u_1, u_2, \cdots, u_n\}$ 为定性指标与定量指标构成的集合,定性指标对应的语义和数值区间见表5.8。

表5.8　　　　　定性指标等级划分区间

等级	很差	差	一般	好	很好
区间	[0, 2]	(2, 4]	(4, 6]	(6, 8]	(8, 10]

记定量指标值为 $X = \{x_1, x_2, \cdots, x_n\}$,假设定量指标 x_i 中最大值为 $x_{\max}$,最小值为 $x_{\min}$,则定量指标对应的语义等级和数值区间见表5.9。

表5.9　　　　　定量指标等级划分区间

等级	区间
很差	$[x_{\min}, x_{\min} + (x_{\max} - x_{\min})/8]$
差	$(x_{\min} + (x_{\max} - x_{\min})/8, x_{\min} + 3(x_{\max} - x_{\min})/8]$

续表

等级	区间
一般	$(x_{min} + 3(x_{max} - x_{min})/8, x_{min} + 5(x_{max} - x_{min})/8]$
好	$(x_{min} + 5(x_{max} - x_{min})/8, x_{min} + 7(x_{max} - x_{min})/8]$
很好	$(x_{min} + 7(x_{max} - x_{min})/8, x_{max}]$

（3）构建等级评价矩阵。

根据表5.7，将定性指标和定量指标的等级评语转换为期望值决策矩阵。根据公式（5-9）、（5-10）、（5-11）计算各个指标对应的一维云模型的数字特征值，其中 S 为标准差。

$$E_x = \frac{E_{x1}E_{n1} + E_{x2}E_{n2} + \cdots + E_{xn}E_{nn}}{E_{n1} + E_{n2} + \cdots + E_{ni}} \quad (5-9)$$

$$E_n = E_{n1} + E_{n2} + \cdots + E_{nn} \quad (5-10)$$

$$H_e = \sqrt{S^2 - E_n^2} \quad (5-11)$$

（4）数据标准化及指标权重确定。

将原始数据进行离差标准化处理，为避免零值数据对后续计算产生干扰，对数据统一进行加一处理，最终得到标准化数据矩阵，标准化过程见公式（5-12）至（5-14）。假设 W_i 为变异系数赋权后的指标权重，V_i 为变异系数。

$$y_{ij} = \frac{x_{ij} - \min\{x_{ij}\}}{\max\{x_{ij}\} - \min\{x_{ij}\}} + 1 \quad (5-12)$$

$$V_i = \frac{\sqrt{\frac{1}{n}\sum_{j=1}^{n}(y_{ij} - \bar{y}_i)^2}}{\bar{y}_i} \quad (5-13)$$

$$W_i = \frac{V_i}{\sum_{i=1}^{n} V_i} \quad (5-14)$$

（5）构建综合云模型。

假设评价指标体系中包含 n 个相邻云模型，则综合云模型的数字特征计算公式见（5-15）至（5-17）。

$$E_{xy} = \frac{\sum_{i=1}^{n} E_{xi}E_{ni}W_i}{\sum_{i=1}^{n} E_{ni}W_i} \quad (5-15)$$

$$E_{ny} = \sum_{i=1}^{n} E_{ni} W_i \qquad (5-16)$$

$$H_e = \left(\sum_{i=1}^{n} H_{ei} W_i^2 \right) / \sum_{i=1}^{n} W_i^2 \qquad (5-17)$$

根据上文构建的中国先进制造业创新追赶路径效果评价模型可以对特定先进制造业领域进行评价,为实现路径改进与优化提供方法支撑。

5.4.2 实现路径效果改进

根据中国先进制造业创造追赶实现路径效果评价结果,进一步提出效果改进与路径优化的策略。

1. 低绩效路径的效果改进

通过路径实施效果来看,如果先进制造业技术创新能力无法提升,则需要查找原因,进一步改进。首先,要确保后发先进制造领域技术路线可行并正确,这是决定创新追赶能否实现的基本要素。从中国高铁和核电产业的追赶实践来看,围绕领先者技术路线与自主创新技术路线之间如何选择的长期争论,是造成一段时间内追赶停滞与创新能力无法提升的主要原因。其次,当后发者明确了技术路线之后,开始围绕技术差距较大的领域进行创新资源配置,此时政府、系统集成商、高校与上下游供应商共同组成的产业创新生态系统是否能够维持健康的创新生态至关重要,由于先进制造产品复杂性高,政府支持和系统集成商的组织协调能力都是可能导致创新路径实施不畅的原因,需要通过对产业追赶状态的系统性监测发现潜在问题,并给以解决。最后,对中国先进制造业而言,较低的技术创新能力还可能由于创新资源投入不足导致,无论实施哪种创新追赶路径,后发者都需要投入大量的资金、人才和资源,从领先者的经验来看,在先进制造业领域高额的创新投入是其保持长期竞争优势的法宝,但由于前沿先进技术具有高度不确定性,并不意味着高投入一定有高回报,这也造成后发者常常陷入"技术引进"或"自主创新"的两难抉择。

2. 中绩效路径的效果改进

当先进制造业技术创新能力有了提升但效果不显著时,意味着所实施的创新追赶路径具有一定的作用。通常情况下，造成效果不显著的原因主要来自于技术创新链和价值创造链构建、培育与发展过程的不顺畅。首先，系统集成商作为先进制造业创新生态系统核心主体，其能否搭建开放且具有竞争性的技术网络是进一步提升自主创新绩效的关键。从中国高铁追赶的过程来看，全面进行技术消化吸收时，打破边界壁垒，引入大量原铁路系统之外的组织参与技术研发加速了技术进步。其次，政府率先提出了针对先进制造业的明确价值主张，并努力通过制度型市场创造巨大的需求，但在漫长的创新追赶进程中，剧烈变化的外部环境或政府治理效能变革等因素都可能导致政府价值信号的偏差或滞后，以至于先进制造业相关主体出现短暂性追赶停滞或者观望。最后，用户需求导入能够提高先进制造业价值创造效率，并且数字技术的深度介入为用户需求导入提供了可行的路径，一旦先进制造企业在追赶过程中出现用户需求响应慢、定制化产品少、数字化工艺不足等情况，都会阻碍技术创新能力提升。

3. 高绩效路径的效果改进

对于能够产生高绩效的创造追赶实现路径，需要参与创新追赶的先进制造业各方主体保持持续稳定的合作，并通过加强技术创新链与价值创造链升级实现对领先者的超越。首先，中国先进制造业通过高绩效路径推进实现了技术创新链构建、培育与发展，但面对领先者建立的系统性技术壁垒，如何保持持续技术能力提升并超越领先者成为挑战。一般而言，通过深度产学研合作以及高强度研发投入，能够保持先进制造技术持续领先。例如尽管中国高铁产业已经具备全产业链出口的能力，但依然没有停止对前沿技术的研发，目前已经在高速磁悬浮列车、高速飞行列车等方面取得了成果。其次，价值创造链升级的关键是坚持对外合作交流，把本土价值创造链升级为全球价值创造链，整合全球创新资源，为我所用。例如，华为公司在5G领域已经形成全球领先优势，其成功赶超的关键一方面源于持续高强度的研发投入，另一方面得益于其全球领先的价值链布局。最后，高绩效路径的持续性推进离不开稳定的政策环境，对于具备领跑能力的先进制造领域，保持稳定的产业政策供给，营销良好的创新生态环境有利于产业保持持续领跑。

第 6 章

中国先进制造业创新追赶政策效果研究

政策是政府调控产业发展的重要手段,从全球来看,各国政府都通过综合运用各类政策工具对先进制造业技术创新和市场竞争活动进行战略调整。特别是在以互联网为核心的新一代信息技术推动下,制造技术与信息技术深入融合,欧美等发达国家和地区纷纷发布了"互联网+"先进制造的发展战略,其中美国"工业互联网"与德国"工业 4.0"战略规划最具代表性。

2011 年 6 月,为了创造有利环境、振兴美国的先进制造业、确保其制造强国霸主地位,时任美国总统奥巴马宣布了一项以政府、学术界和企业合作为基础的、超过 5 亿美元的先进制造伙伴计划(Advanced Manufacturing Partnership,AMP)。其主要内容包括四个方面:一是强化事关美国国家安全的关键产业的本土制造能力;二是缩短先进材料的开发和应用周期;三是投资下一代机器人技术;四是开发创新的、能源高效利用的制造工艺。2014 年 10 月,美国总统执行办公室和美国总统科技顾问委员会联合对外公布了《振兴美国先进制造业》报告,也称 AMP2.0,该报告遵循 AMP1.0 中的主要思路并提出了新的政策建议,包括加大对新兴交叉学科的投入、为先进制造业领域的中层职位输送合格的劳动力、让中小制造商也拥有尖端技术装备等。此外,AMP2.0 中明确了先进传感、先进控制和平台系统、数字制造等制造技术优先领域。2021 年 6 月,美国白宫发布了一份名为《构建弹性供应链、重振美国制造业及促进广泛增长》的报告,对半导体制造和先进封装、大容量电池、关键矿产与原材料、药品与原料药四大关键领域各产品供应链的潜在风险进行全面审查,提出重建美国制造和创新能力、培育市场发展环境、加大政府采购和投资力度、改进国际贸易规则、加强国际合作、加强监控预警等政策建议。同时，美国政府和组建了历史上首个"供应链中断工作组"，以应对全球新冠疫情对美国制造业供应链带来的巨大冲击。

为了提振德国制造业，在德国学术界和产业界的建议和推动下，2013年1月汉诺威工业博览会上，德国正式提出"工业4.0"战略，由德国联邦政府投入2亿欧元支持工业领域新一代革命性技术的研发与创新。德国实施"工业4.0"战略主要有两个目的，一是成为全球智能制造技术的主要供应商，维持其在全球市场的领导地位，确保德国装备制造业在全球范围内的竞争优势；二是进一步提高生产效率，建立和培育信息物理系统（Cyber Physical Systems，CPS）技术和产品的主导市场，该战略的核心是建立一个系统，即CPS，旨在通过信息系统与智能机器、存储系统、生产设施，将虚实世界合起来，对智能工厂与智能生产进行重点研究与应用，从而构建起一个高度自动化、智能化、个性化、社会化的生产与服务模式。2019年2月，德国经济和能源部发布《国家工业战略2030》报告，旨在通过积极的产业政策来应对德国制造业面临的新挑战，该报告指出德国需要重视数据和资本在创新中的驱动力量，关注人工智能在自动驾驶、医疗诊断等领域的应用，尽管德国处于这些领域学术研究的有利地位，但在实际应用方面还远远落后。

中国各级政府高度重视先进制造业发展，尤其2018年中美贸易摩擦之后，我国先进制造业"卡脖子"问题凸显，芯片、高端装备、生物医药与医疗装备等多个先进制造业领域创新追赶的步伐逐步加快，国内有关先进制造业高质量发展的呼声日益高涨。在此背景下，多个地方政府也密集出台了促进先进制造业集聚发展、加强核心技术攻关、加速"互联网+"融合等多方面政策，对于这些政策促进产业创新追赶效果的评价一方面有利于为先进制造业政策优化提供理论支撑，另一方面针对不同地区和不同领域的政策效果评价，对于指导具体的产业政策制定具有重要意义。

6.1　中国先进制造业创新追赶政策文本收集

先进制造业并不是特定的一个产业领域，不同地区、不同机构对先进制造业领域的分类有所不同。例如美国信息技术与创新基金会认为，电气设备、机械设备、计算机与光学设备等属于先进制造领域；赛迪研究院在发布的《2020年先进制造业集群白皮书》中把新一代信息技术、高端装备、先进材料和生物医药作为先进制造业的主要领域；北京市把新能源汽车、生物医药、新一代信息技术等定义为先进制造业；上海市将高端装备、新材料、汽车制造等行业纳入先进制造业领域。因此，为便于不同区域之间进行比较，参照中国高技术产业统计年鉴，结合各地区政策出台情况，以高端装备制造和生物医药作为先进制造业典型领域，收集相关政策并测度其政策效果，旨在为先进制造业创新追赶政策研究提供理论方法参考。

通过中国产业政策大数据平台（http://www.spolicy.com/），按照关键词（高端装备、生物医药）搜索，得到东部、中部、西部、东北四大区域省、市、直辖市一级政府出台的产业支持政策文件，其中支持高端装备制造发展的政策文件37份，促进生物医药产业发展的政策文件28份，政策文本详情见附表1和附表2。

6.2 中国先进制造业创新追赶政策文本分析

6.2.1 政策工具类型划分

政策工具是政府用来改变产业创造追赶态势的主要变量，根据政策作用阶段不同，通常被分为供给型政策工具、需求型政策工具和环境型政策工具。其中，供给型政策工具是指政府以提供资源的方式推动产业发展的措施，包括了提供资金、设施和人才等。需求型政策工具是指通过调节市场需求所采取的措施，包括通过政府采购与示范推广等做法减少市场的不确定性。环境型政策工具是指以优化产业合作与竞争环境为目的的措施，包括提供公共服务、知识产权保护等。

政策词频分析作为识别关键政策工具类型的方法被广泛应用于政策文本研究领域，高频率的政策工具能够反映当前政策的作用点，并且通过政策工具频率的统计分析可以判断当前产业政策的状态与趋势。运用微词云工具，分析得到高端装备制造和生物医药领域政策排名前10位的高频政策文本字段，并将其归为三种不同类型的政策工具，见表6.1。

表6.1　　　　　　　　　　主要政策工具类型

政策工具类型	主要政策内容
供给侧	技术支持（技术改造、技术合作、技术研发）、财政投入
需求侧	政府采购、示范推广
环境侧	公共服务（平台服务、人才服务）、法规管制（体制改革、知识产权）

6.2.2　典型产业的政策工具分析

按照政策工具类型，运用统计分析方法，分别对中国高端装备制造产业和生物医药产业政策工具的使用情况进行分析。

1. 高端装备制造产业政策工具分析

图6.1展示了不同地区高端装备制造产业三类政策工具的使用频率。从整体来看，东部地区促进高端装备制造产业发展的政策工具数量最多。分地区来看，东北地区聚焦于环境型政策工具的使用，需求型政策工具使用较少，东部地区环境型政策工具使用最多，中部地区更加关注环境型政策工具，西部地区聚焦于需求型政策工具。

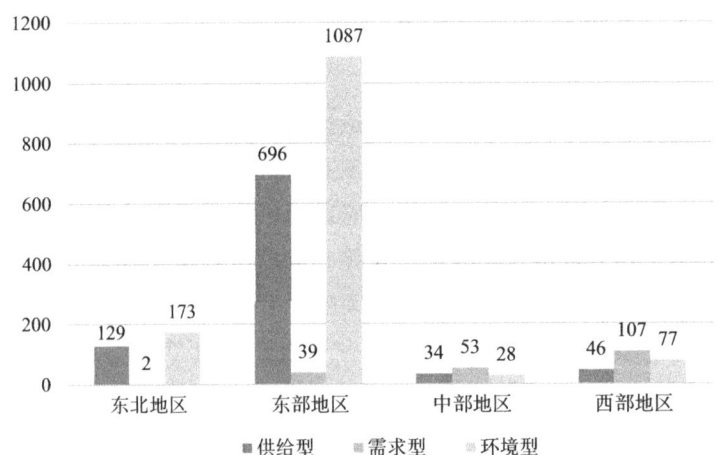

图6.1　不同地区高端装备制造产业三类政策工具使用频率

图 6.2 展示了不同地区高端装备制造产业供给型政策工具的使用频率。总体来看，东部地区的技术支持和财政投入工具使用最多，这与东部地区优质的高校资源与活跃的金融资源密不可分。东北地区的技术支持工具使用较多，但财政投入工具运用相对偏少。一方面东北地区作为中国最早的工业基地，高端装备制造基础较好，拥有一批从事高端装备技术研发的高校和科研院所。另一方面东北地区作为全国最晚推出计划经济体制的区域，整体市场化改革滞后，金融市场发展不健全，市场对资源配置的作用不突出，阻碍了东北地区金融资源的自由流动。相比而言，中部和西部地区的技术支持和财政投入工具均偏少，可能的原因是中西区地区在高端装备制造领域的产业基础相对薄弱，正处于产业培育和发展的起步阶段。

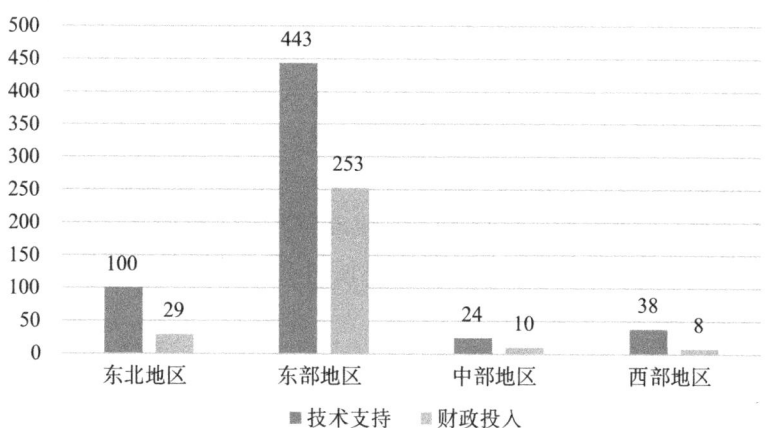

图 6.2 不同地区高端装备制造产业供给型政策工具使用频率

图 6.3 展示了不同地区高端装备制造产业需求型政策工具的使用频率。总体来看，西部地区政府采购和示范推广的政策工具使用频率领先，说明西部地区的各级政府采取了大量政策措施以激发市场活动和潜在需求。相比之下，东北地区需求型政策工具的使用严重不足，政府在装备制造领域市场动力激发方面的力度有待提升。中部地区的政策采购政策工具使用较多，为高端装备产品的市场开拓创造了有利条件。而东部地区在示范推广方面的政策工具较多，主要由于东部沿海城市的对外开放程度较多，示范推广的场景较多。

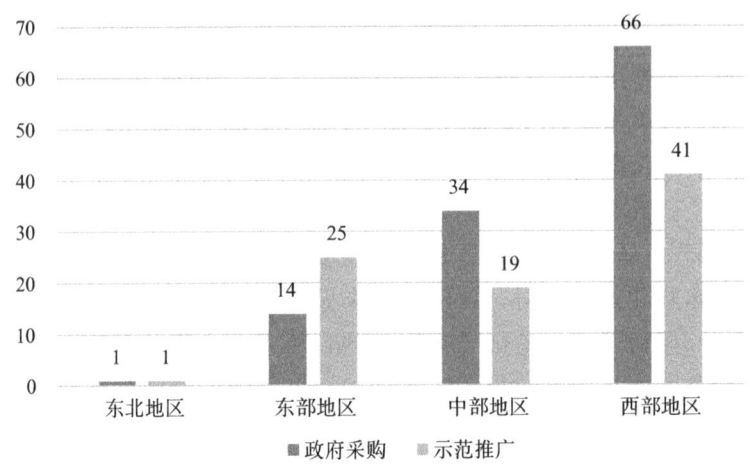

图 6.3　不同地区高端装备制造产业需求型政策工具使用频率

图 6.4 展示了不同地区高端装备制造产业环境型政策工具的使用频率。总体来看,东部地区依然处于领先地位,这与东部地区高速推进的市场化进程有密切关系,地方政府通过提高高质量公共服务吸引了大量国际化程度高的装备制造企业,形成了充分竞争的发展格局,进而带动了国内企业的技术创新,长此以往,形成了良好的市场环境。相比之下,东北地区、中部地区和西部地区的环境型政策工具使用不足,尤其对于法规管制政策工具有待加强。

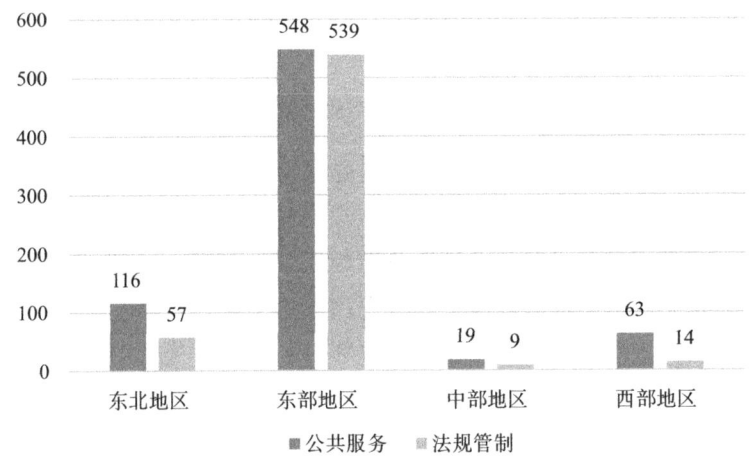

图 6.4　不同地区高端装备制造产业环境型政策工具使用频率

2. 生物医药产业政策工具分析

图 6.5 展示了不同地区生物医药产业三类政策工具的使用频率。从整体来看，东部地区各类政策工具的数量最多。分类型来看，四个地区环境型政策工具的使用数量都是最多的。分地区来看，东北地区需求型政策工具使用较少，东部地区环境型政策工具的数量在所有地区中是最多的。相比之下，中部地区和西部地区的需求型政策工具使用较少，与高端装备制造产业的政策工具使用情况有所不同。

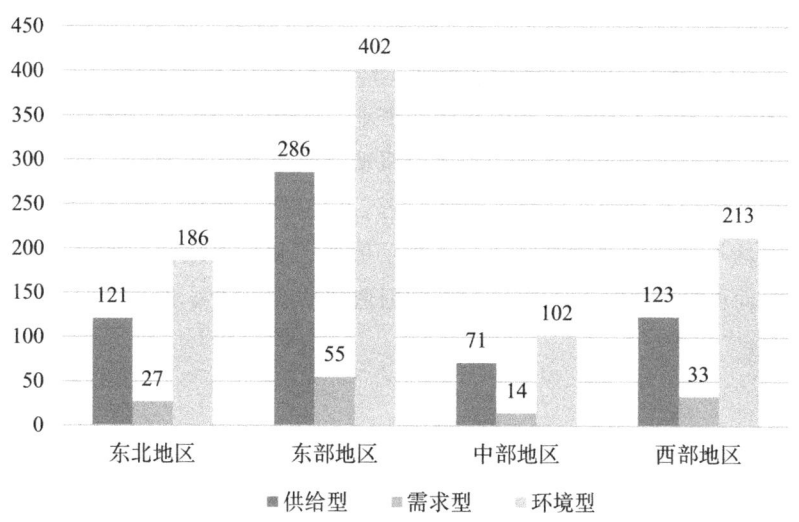

图 6.5 不同地区生物医药产业三类政策工具使用频率

图 6.6 展示了不同地区生物医药产业供给型政策工具的使用频率。总体来看，与高端装备制造产业一样，东部地区的技术支持和财政投入工具使用最多。东北地区的技术支持工具使用较多，但财政投入工具使用相对偏少。与高端装备制造产业不同的是，中部和西部地区的技术和财政投入工具使用频率有所增加，进一步反映了高端装备制造与生物医药产业追赶过程中产业基础的不同作用。高端装备制造对产业基础条件的要求更高，追赶过程更困难，而生物医药产业可能通过高质量的科学研究驱动和高强度政策供给快速实现追赶。

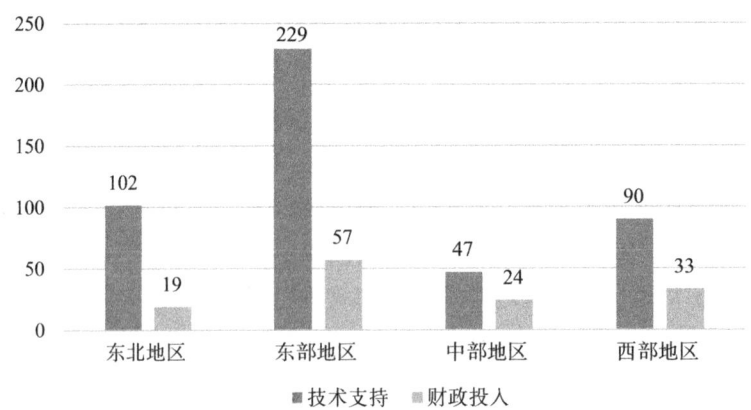

图 6.6　不同地区生物医药产业供给型政策工具使用频率

图 6.7 展示了不同地区生物医药产业需求型政策工具的使用频率。总体来看,东部地区和西部地区的政府采购工具使用频率接近,东部地区和东北地区的示范推广工具使用频率接近,中部地区两类需求型政策工具使用频率均不高。说明生物医药产业在东部地区和东北地区的发展具有一定基础,而西部地区可能通过政府采购创造拉动新市场需求。

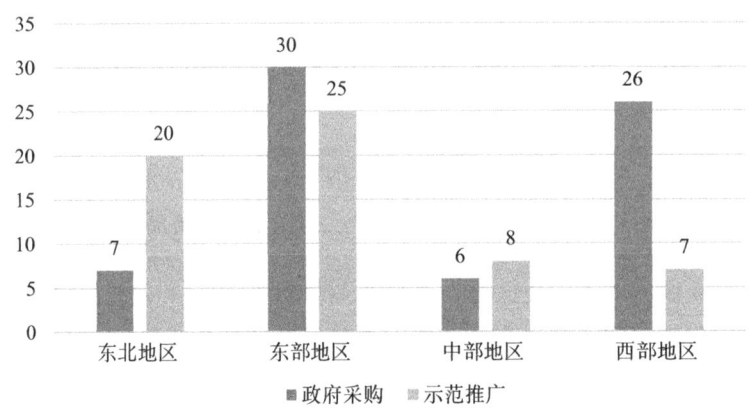

图 6.7　不同地区生物医药产业需求型政策工具使用频率

图 6.8 展示了不同地区生物医药产业环境型政策工具的使用频率。总体来看,法规管制是四个地区使用频率最高的政策工具,这是由于生物医药产业对安全、质量、知识产权等有更高的要求。东部地区在两种政策工具使用频率方面依然处于领先地位,其余三个地区都十分重视法规管制政策工具的使用,但对公共服务政策工具的使用相对不足。

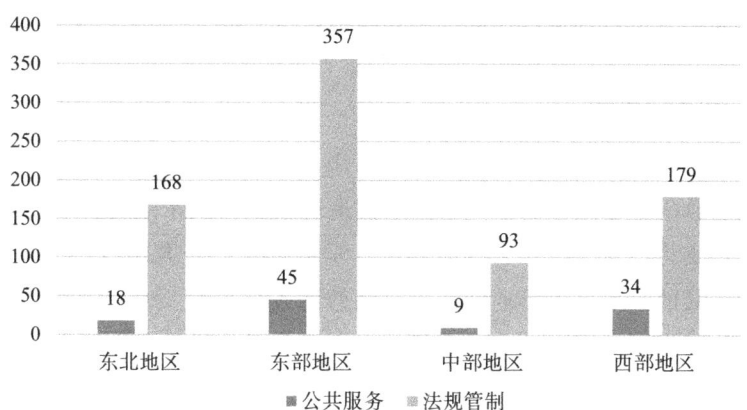

图6.8 不同地区生物医药产业环境型政策工具使用频率

6.3 中国先进制造业创新追赶政策工具组态效应评价

6.3.1 方法与数据

1. fsQCA 选择

QCA 方法源自一种整体性系统化的思想，基于整体论视角，对复杂性问题的产生条件进行探索，其核心观点认为任何因素不是孤立地发挥作用，而与其他因素相互作用并共同影响结果。结合特定案例与变量，QCA 方法有助于回答多重并发因果关系、多种等效路径以及因果非对称性等问题。根据条件的类型可以分为清晰集定性比较分析（csQCA）、多值定性比较分析（mvQCA）和模糊集定性比较分析（fsQCA）。

相比而言，fsQCA 方法有助于探索多元路径，并且具有以下两方面优势，一是 fsQCA 默认了条件之间的相互依赖和潜在相互作用，有助于测量政策的混合效应，二是 fsQCA 使用反事实分析来区分核心条件和外围条件，这种区别在政策组合分析中非常有用，有助于进一步识别和比较不同地区在先进制造业领域使用的关键和辅助政策工具。

2. 变量与数据

根据上一节中划分的典型产业政策工具类型，进一步研究不同政策工具及其组合的组态效应，以识别产生高追赶绩效的政策组合。根据表 6.1，使用技术支持、财政投入、政府采购、示范推广、公共服务、法规管制 6 种政策工具的频率作为影响创新追赶绩效的条件变量，创新追赶绩效的结果变量使用发明专利增长率来表征。一方面先进制造业创新追赶的重要体现是技术创新能力的提升，而发明专利作为技术创新能力的重要表征被广泛应用于创新追赶理论研究。另一方面，专利数据可获得性与可比性强，更具说服力，选择发明专利增长率能够更好的体现创新追赶程度，从而反映出政策作用的实际效果。

根据 6.2.2 节确定的典型先进制造产业案例，从智慧芽专利检索平台（https：//www.zhihuiya.com/）分别下载高端装备制造产业和生物医药产业各地区的发明专利数据，地区的确定以原始申请（专利权）人地址为准，发明专利申请时间的范围是 2017 年 1 月 1 日至 2021 年 12 月 31 日，由于部分省份没有高端装备制造产业和生物医药产业，为了保证数据可比和结论可解释，最终收集了东部、中部、西部、东北四大区域 22 个省市的高端装备制造产业和生物医药产业发明专利数据，并采用几何算数平方法计算每个地区的产业创新追赶绩效。

6.3.2 高端装备制造产业政策工具组态分析

1. 数据校准

在 fsQCA 中，校准就是给每个案例赋予隶属分数的过程，由于缺乏明确的理论和外部标准作为创新追赶绩效各前因变量和结果变量的校准依据，因此按照既有研究的做法，依照 22 个省市政策频率数据和专利增长率数据的分布规律，确定 6 个条件变量和 1 个结果变量的锚点。通过计算前因条件和结果变量的分位数值，分别选取 25%、50%、75% 作为完全不隶属、交叉点和完全隶属的锚点，见表 6.2。

表 6.2　　　　　　　　　　　各变量校准锚点

	研究变量	完全不隶属	交叉点	完全隶属
条件变量	技术支持（JSZC）	22	12.5	6
	财政投入（CZTR）	18.75	5.5	2
	政府采购（ZFCG）	6.5	3	0.25
	示范推广（SFTG）	6	4	1.25
	公共服务（GGFW）	51.25	24	7.25
	法规管制（FGGZ）	40.25	10	2
结果变量	专利年平均增长率（ZL）	0.465	0.375	0.3325

2. 必要条件分析

必要条件分析的目的是判断每一个前因变量是否是构成先进制造业高创新追赶绩效的必要条件，通常使用一致性和覆盖度指标来检验条件变量和结果变量之间是否存在充分性和必要性的关系。一致性指标是经验性实例支持存在一个集合理论关系的主张程度，即条件变量在多大程度上是结果变量的一致性必要条件。遵循既往做法，当一致性水平达到 0.9 及以上时，就可以认为该条件是产生该结果的必要条件。根据表 6.3 中前因条件的必要条件分析结果可知，6 个前因变量存在或缺失一致性得分均小于 0.9，也就是说不存在产生高追赶绩效的单一必要前因条件，说明单个政策工具对结果变量的独立解释力弱，高创新追赶绩效不是受某一个政策工具的影响，而是在不同政策条件相互作用的前提下共同促进产生的。

表 6.3　　　　　　　　　　　必要条件分析结果

条件变量	结果变量	
	一致性	覆盖度
JSZC	0.52	0.52
~JSZC	0.53	0.53
CZTR	0.53	0.53
~CZTR	0.55	0.55
ZFCG	0.52	0.53
~ZFCG	0.58	0.56
SFTG	0.47	0.47

续表

条件变量	结果变量	
	一致性	覆盖度
~SFTG	0.60	0.59
GGFW	0.47	0.47
~GGFW	0.61	0.60
FGGZ	0.49	0.49
~FGGZ	0.57	0.56

注:"~"表示逻辑运算"非"。

3. 组态路径分析

首先运用 fsQCA3.0 软件进行真值表构建和结果赋值,将一致性阈值设置为默认值 0.8,案例频数阈值设置为默认值 1。通过逻辑余项计算得到简单解,并通过反事实分析得到中间解,与简单解相比,中间解的解释力最强,当其与简单解对比后可以产生更丰富、细致的发现。若变量同时出现在简单解和中间解当中,则表示该变量为核心条件,若变量仅仅出现在中间解当中,则表示该变量为边缘条件。既往研究普遍认为总体解一致性大于 0.8,总体解覆盖度大于 0.5,则该解可接受。最终,得出高端装备制造产业高追赶绩效影响的多元路径,见表 6.4。

表 6.4　　　　　　　　产生高追赶绩效的多元路径

影响因素	路径一	路径二	路径三
JSZC	●	•	•
CZTR	●		•
ZFCG		●	
SFTG		●	•
GGFW	•		•
FGGZ	•	●	•
一致性	0.82	0.86	0.89
原始覆盖度	0.22	0.28	0.31
唯一覆盖度	0.43	0.5	0.67
总体解一致性	0.82		
总体解覆盖度	0.55		

续表

影响因素	路径一	路径二	路径三
代表性区域	吉林省、黑龙江省、辽宁省	北京市、江苏省、湖北省、重庆市	上海市、江苏省、浙江省、广东省

（注：●表示存在核心条件，•表示存在边缘条件，空白则表示该条件可存在可不存在。）

组态1（技术环境驱动型路径）的核心条件是高技术支持和高政府投入，边缘条件是高法规管制，这进一步说明高端装备制造产业的技术驱动特征，以及现阶段注重发挥供给侧政策工具的导向。组态1的代表性区域是吉林省、黑龙江省和辽宁省，这些区域的共同特征是科教资源丰富，能够为高端装备研发提供丰富的技术供给，并且财政资金也非常注重在高端装备领域的投入。但是这些区域的需求侧政策工具总体使用不足，以黑龙江省为例，其在高端装备制造领域并未出台政府采购、示范推广等方面的政策，一定程度上影响了制造企业在创新追赶中的投入动力，辽宁省和吉林省作为老工业基地也面临同样的困境。

组态2（需求环境驱动型路径）的核心条件是高政府采购、高示范推广和高法规管制，边缘条件是高技术支持，这种政策组合的特点是以需求型和环境型工具为主，而技术供给型工具被弱化。组态2的代表性区域是北京市、江苏省、湖北省和重庆市，这些地区经济基础好，市场化程度高，拥有一批具备国际竞争力的先进制造企业，政府以需求侧政策为主的政策体系为高端装备制造产业追赶创造了条件，并通过打造良好的政策法规环境为高端装备制造产业参与国际竞争保驾护航。

组态3（综合要素驱动型路径）的边缘条件是高技术支持、高财政投入、高示范推广、高公共服务和高法规管制，代表性省份是江苏省、上海市、浙江省和广东省，这些地区综合运用了多种政策工具，并投入了各类资源支持高端装备制造产业发展。相比之下，这种综合驱动型路径对地方政府的产业管理能力要求较高，并且需要区域内多种资源的支持。

6.3.3 生物医药产业政策工具组态分析

1. 数据校准

与高端装备制造产业数据校准方法一样，分别选取25%、50%、75%

作为完全不隶属、交叉点和完全隶属的锚点,各变量校准锚点见表6.5。

表6.5 各变量校准锚点

	研究变量	完全不隶属	交叉点	完全隶属
条件变量	技术支持(JSZC)	31	20.5	12.25
	财政投入(CZTR)	8.25	6	4.75
	政府采购(ZFCG)	5	3	1
	示范推广(SFTG)	3.5	1	0
	公共服务(GGFW)	8	5.5	3
	法规管制(FGGZ)	48.25	39	23.75
结果变量	专利年平均增长率(ZL)	0.71225	0.6365	0.57375

2. 必要条件分析

与高端装备制造产业必要条件分析方法一样,得到生物医药产业政策工具必要条件分析结果,见表6.6。按照一致性水平达到0.9的标准判断,目前所有条件变量中不存在产生高创新追赶绩效的单一必要前因条件,说明生物医药产业政策的高绩效不受某一个特定政策工具的影响,而是需要多种政策工具的共同作用,这与高端装备制造产业的情况一致。这也进一步验证了先进制造业创新追赶政策的复杂性,对政府产业政策管理提出了较高的要求。

表6.6 必要条件分析结果

条件变量	结果变量	
	一致性	覆盖度
JSZC	0.55	0.58
~JSZC	0.73	0.67
CZTR	0.65	0.66
~CZTR	0.63	0.60
ZFCG	0.64	0.67
~ZFCG	0.65	0.61
SFTG	0.63	0.63
~SFTG	0.62	0.60

续表

条件变量	结果变量	
	一致性	覆盖度
GGFW	0.59	0.57
~GGFW	0.64	0.64
FGGZ	0.59	0.64
~FGGZ	0.67	0.60

注："~"表示逻辑运算"非"。

3. 组态路径分析

按照高端装备制造产业组态分析的做法，得到生物医药产业高创新追赶绩效的多元路径，见表6.7。

表6.7　　　　　　　产生高追赶绩效的多元路径

影响因素	路径一	路径二	路径三
JSZC	●	●	
CZTR	●	●	●
ZFCG		●	
SFTG			
GGFW		●	·
FGGZ		●	·
一致性	0.92	0.81	0.88
原始覆盖度	0.23	0.22	0.27
唯一覆盖度	0.07	0.35	0.12
总体解一致性	0.83		
总体解覆盖度	0.54		
代表性区域	福建省、黑龙江省、天津市、湖南省	江苏省、上海市、浙江省	四川省、湖南省、云南省

（注：●表示存在核心条件，·表示存在边缘条件，空白则表示该条件可存在可不存在。）

组态1（技术驱动型路径）的核心条件是高技术支持和高政府投入，

这符合生物医药产业高技术投入和高资金投入的典型特征，代表性地区包括福建省、黑龙江省、天津市和湖南省。这些地区的医疗资源丰富，在制药、中成药、生物医学工程等方面出台了支持政策，并且产生了良好的效果。例如天津滨海新区专门出台促进生物医药产业高质量发展的鼓励办法和促进细胞和基因治疗产业高质量发展的鼓励办法。

组态 2（综合要素驱动型路径）的核心条件是高技术支持、高政府投入、高政府采购、高示范推广、高公共服务和高法规管制。这种政策组合的特点是综合使用了供给型、需求型和环境型政策工具，代表性区域是江苏省、上海市和浙江省，这些地区一方面具有很强的技术供给能力，另一方面政策管理整体水平出色，在生物医药产业领域已经形成了一定的国际竞争力。例如 2020 年，江苏省生物医药产业产值超过 4000 亿元，约占全国的 1/6，居全国首位，省内集聚了生物医药企业 4000 多家，其中药品生产企业数量居全国第一，医疗器械生产企业数量居全国第二。

组态 3（技术环境驱动型路径）的核心条件是高技术支持和高政府投入，边缘条件是高公共服务和高法规管制，代表性省份是四川省、湖南省和云南省，这些地区具备使用供给型和环境型工具的能力，但在需求型工具投入方面相对不足，一方面可能由于本地市场需求不足，另一方面这些省份通过公共服务和法规管制等环境型工具投入来优化发展环境，吸引外部投资者，产生了良好的效果。

6.4　创新追赶政策优化策略

通过对高端装备制造产业和生物医药产业创造追赶政策效果组态分析发现，不同地区在先进制造业政策制定与实施方面存在某些共性规律。例如由于不同地区政策制定者存在的思维惯性，针对同一类型的产业基本会采用相同的政策管理思路，这就使得高端装备制造产业和生物医药产业某些高绩效组态路径比较相似，而且代表性地区也一致。因此，综合区域产业基础和政策工具组态路径情况，可以把四大区域的重点省市划分为创新追赶引领区、创新追赶潜力区和创新追赶起步区。

6.4.1 创新追赶引领区的优化策略

通过梳理现有政策文件发现，采用综合要素驱动型组态路径的区域普遍具有良好的经济基础和先进制造产业基础，这些区域作为追赶引领区具有达到国际产业先进水平的潜力，可以从创新制度建设、创新人才激励和创新文化营造三方面制定优化策略。

1. 创新制度建设

先进制造业创新追赶引领区具有较强的制度创新能力，面对当前各区域先进制造业发展困境，要进一步发挥集中力量办大事的制度优势，围绕产业关键"卡脖子"问题，通过开展有组织的科研，提升追赶效能。第一，创新追赶引领区具有丰富的智力资源，要从先进制造业全产业链系统出发，找到难点和卡点，做好制度建设的顶层设计，避免过去各自为政的做法。第二，注重发挥各类科技创新平台的支撑作用，集聚高校、科研院所的高端人才和智力资源，通过科技计划引领，最大化提升科技资源利用效率。第三，创新制度建设要对标国际前沿标准，尽管中国先进制造业正在遭遇西方国家的围追堵截，但产业合作与对外交流的制度依然十分必要。

2. 创新人才激励

高质量创新人才是确保产业实现创新追赶的关键要素，对于创新追赶引领区而言，本身具有吸引高质量人才天然优势，因此做好创新人才激励至关重要。第一，加快战略科学家的培育和选拔，分层分类做好人才激励政策的设计，建立科学、多元的人才评价机制。第二，注重高技能人才的培养与使用，先进制造业对高技能人才的需求十分迫切，需要通过教育培训、技能大赛等形式培养更多的"大国工匠"。第三，发挥创新追赶引领区人才蓄水池的作用，通过高水平的制度建设，吸引更多全球人才到先进制造领域工作。

3. 创新文化营造

创新追赶引领区要建立更加包容的创新文化，尤其要鼓励领军企业和科研人员在行业"卡脖子"领域和前沿领域主动探索。第一,领先者在先进制造"卡脖子"领域建立了很高的技术壁垒,创新追赶引领区具备"换道超车"和"另辟蹊径"的潜力,需要大胆探索。第二,容错的创新文化既是实现自主创新的客观需要,也是创新型国家的重要标志,创新追赶引领区在创新文化建设方面要先行先试,并发挥示范带动效应。第三,作为创新生态环境的重要组成部分,开放合作的创新文化为追赶超越提供了保障。

6.4.2 创新追赶潜力区的优化策略

先进制造业创新追赶潜力区基本都采用了技术环境驱动型组态路径,这些地区资源条件有限,并且创新资源配置效率、创新生态环境等与追赶引领区相比具有一定差距,但依然具有良好的先进制造业基础和高质量的产业发展环境,可以从创新组织建设、创新人才激励和创新制度优化方面制定策略。

1. 创新组织建设

先进制造业创新追赶潜力区的各类创新组织在技术能力方面与领先区域具有较大差距,尤其系统集成商的技术能力尚需加强。第一,创新追赶潜力区的系统集成商要注重学习型组织建设,加强与追赶引领区同类企业的交流合作。第二,创造追赶潜力区同样拥有丰富的科研资源,要进一步深挖各类科研资源,结合行业特色与区域基础,做好校企合作。第三,该地区的中小企业要坚持"专精特新"的发展路线,在差异化竞争优势方面实现赶超。

2. 创新人才激励

先进制造业创新追赶潜力区对于创新人才的吸引力有限,但作为加速追赶的关键变量,追赶潜力区要高度注重人才激励。第一,做好本地化人才的培养与帮扶,依托丰富的高校资源,结合区域产业特色与行业需求,做好高校专业设置,确保高质量人才在本地有需求。第二,采取差异化人才激励政策,在保证物质激励的同时突出精神激励,尤其在保障各类人才医疗健康、子女教育、住房等方面进行制度创新。第三，主动承接和吸纳追赶引领区的各类创新人才，对紧缺急需的人才给予政策倾斜和高度重视。

3. 创新制度优化

先进制造业创新追赶潜力区在制度建设方面往往相对滞后，尤其制度创新不足，亟待进一步优化。第一，在区域科技创新制度，要注重本地资源的整合优化与外部资源的引入，围绕先进制造业"卡脖子"领域，采用"揭榜挂帅""赛马制"等方式，吸引优势资源进行技术攻关。第二，优化招商引资制度，在做好追赶引领区相关企业招引的同时，要积极抢抓产业龙头企业，提高招商引资的针对性。第三，提高政府治理效能，抓好数字政府建设的重大机遇，进一步理清政府与市场的关系，优化先进制造企业发展的市场环境。

6.4.3 创新追赶起步区的优化策略

目前处于创新追赶起步区的省市都技术驱动型组态路径，尽管这种组合能产生高追赶绩效，但单一的供给型政策工具很难形成足够的市场规模和国际竞争力。通常这些区域市场化改革步伐缓慢，导致追赶的制度建设存在较大差距，尤其环境侧和需求侧政策工具使用不足带来组合效应不突出，可以从创新政策系统性优化、创新人才引培、创新制度建设三方面制定优化策略。

1. 创新政策系统性优化

处于先进制造业创新追赶起步区的地方并未实施有效的政策工具组合，尤其当单一政策工具无法发挥关键促进作用的时候，做好政策工具组合至关重要。第一，从供给侧、需求侧和环境侧系统梳理当前先进制造业追赶政策的不足，寻找政策缺口。第二，加大政府机构的职能协调，优化现有的鼓励先进制造业创造发展的政策体系。第三，适当加大需求侧政策和环境侧政策工具的使用力度，弥补单一供给型政策工具的不足，将追赶起步区丰富的技术供给转化为当地的经济优势。

2. 创新人才引培

先进制造业创新追赶起步区对人才的吸引力不足,其产业追赶面临的最大困境就是人才不足的问题。第一,处于追赶起步区的地方要加大本土人才的培养力度,重视具有本土情怀和优秀品质的本地化人才。第二,通过更具开放和包容的用人理念,吸引追赶引领区和追赶潜力区的优秀人才"为我所用"。第三,针对先进制造领域特色,集中资源,优先解决好当地领军制造企业的人才问题,发挥示范效应。

3. 创新文化建设

先进制造业创新追赶起步区的众多省份尚未形成崇尚创新、崇尚技术的区域文化,亟待进一步加强。第一,从政府到企业,亟待进一步解放思想,树立信心,形成竞争意识和忧患意识,历史上任何一个成功的追赶案例都要建立在强大的意志力基础之上。第二,现阶段,众多追赶起步区面临内部资源不足和外部竞争激烈的两难境地,长期形成的跟随文化严重阻碍了这些地区的自主创新,亟待树立区域文化自信。

第 7 章

中国动力电池产业创新追赶研究

动力电池产业是中国近几年快速追赶并在未来有望超越领先国家的先进制造产业之一。一是中国作为最早布局动力电池产业的国家之一,拥有良好的产业发展基础,中国动力电池产业的创新生态基本形成,各级政府大力推动动力电池产业布局,一批企业具备了自主研发的能力,本土高校培养了一批高水平人才。二是由于全球气候变暖问题日益加剧,汽车制造业正在经历从传统燃油汽车向新能源汽车转型的窗口期,借助中国新能源汽车迅猛的发展势头,动力电池产业得到了前所未有的关注与重视,汇集了大量优质的创新资源,为追赶超越奠定了基础。

动力电池即为工具提供动力来源的电源,多指为电动汽车、电动列车、电动自行车、高尔夫球车提供动力的蓄电池,多采用阀口密封式铅酸蓄电池、敞口式管式铅酸蓄电池以及磷酸铁锂蓄电池。自从 2020 年中国明确提出 2030 年 "碳达峰" 与 2060 年 "碳中和" 目标,中国动力电池市场迎来政策利好。根据中商产业研究院数据显示,2021 年中国动力电池出货量为 226GWh,同比增长达 182.5%,预计到 2022 年中国动力电池出货量逼近 500GWh,到 2030 年中国动力电池出货量将达 2230GWh,市场空间巨大。可见,作为全球动力电池市场的追赶者,中国动力电池产业正面临前所未有的发展机遇,具备超越行业领先者的实力和潜力。因此,针对中国汽车动力电池产业创新追赶的实证研究,有利于为同类产业后发追赶提供重要的理论指导和决策参考。

7.1 中美贸易摩擦对中国动力电池产业创新追赶的影响

中美贸易摩擦成为近年来中国先进制造产业面临的最大的不确定性因素。面对全球动力电池市场的激烈竞争，2021年由美国能源部、国防部、商务部、国务院四部门联合组建的联邦先进电池联盟，发布了美国锂电池国家蓝图（2021—2030），这是第一份由政府主导制定的美国锂电池发展计划。该计划提出美国动力电池发展的五大目标，一是确保电池原材料供应安全，寻找敏感原料替代品，防范美国锂电池对敏感材料的依赖，二是建设美国国内锂电池原材料加工能力，三是刺激美国国内的正负极材料等前驱体、电芯、电池组的生产能力，四是率先在美国建立废旧电池回收和材料循环利用的产业能力，五是保持美国在电池技术研发方面的领先优势。同时采用各种措施对中国动力电池产业进行制裁和打压，对中国动力电池技术创新和市场需求产生了多重影响。

7.1.1 技术创新维度

中美贸易摩擦引发了美国动力电池相关企业对中国企业的全球专利诉讼。根据中国贸易救济信息网所公布的数据显示，美国自2017年开始频繁地对中国动力电池产业发起337调查。其中2017年10月，美国LG化学有限公司和东丽工业有限公司等企业联合向美国国际贸易委员会提出专利侵权调查，认为中国企业在美出口、进口及销售的含有复合分离器的电池和电子化学器件及其组件侵犯了其专利权。2018年6月美国国际贸易委员会发布公告，作出337调查部分终裁，判定中国企业存在侵权行为。2020年12月，美国One World公司等公司联合向美国国际贸易委员会提出申请，指控中国13家动力电池企业侵犯其专利权。2022年3月，美国通用汽车公司表示将旗下所有新能源汽车电池全部换为韩国LG公司的产品，此事件的起因是之前为通用公司提供新能源汽车动力电池的美国公司被中国企业收购,通用公司担心核心技术外流,决定更换动力电池供应商,以形成新能源汽车领域的技术壁垒。可以看出,自2017年至今,美方对中国动力电池产业采取了诸多技术封锁与技术性贸易壁垒手段,这会为中国动力电池产业技术创新带来一定影响,但长期来看,技术封锁与贸易壁垒加速了中国动力电池技术自主研发与产业技术进步。

7.1.2 市场需求维度

动力电池的主要原材料为磷酸铁锂、锰酸锂、钴酸锂以及三元材料,而中国是这些材料的主要储备国。丰富的原材料储备使得中国成为当下全球最大的动力电池出口国,也是美国最大的动力电池进口国,美国向中国进口的动力电池占美国总进口额的一半。自2018年9月起,美国对华的第四轮加征关税清单中就涉及中国动力电池产业中的关键产品,导致新能源汽车动力电池出口受阻。2019年6月,美国政府发布《能源资源治理倡议》,提出美国将帮助世界各国开采锂、钴等有色金属资源,意图减少美国在先进制造产业关键原材料方面对中国的进口依赖。可见,无论动力电池原材料还是产成品,中国均面临对外市场依赖度较高的局面,美国的关税政策进一步增加了中国动力电池产品的出口成本,削弱了产品在国际市场中的竞争力。

7.2 中国动力电池产业发展概况与追赶现状

7.2.1 中国动力电池产业发展概况

尽管国际环境高度动荡,但中国高度重视动力电池产业发展,中央政府和地方政府纷纷出台大量鼓励产业创新追赶的政策,主要包括行业竞争管理和技术规划两类政策,见表7.1。

表 7.1　　　　　　　　部分动力电池产业支持政策

发布时间	文件名称	相关部门	主要内容
2015.3	《汽车动力蓄电池行业规范条件》	工信部	锂离子动力电池单位企业年产能不得低于200MWh，系统企业年产能不得低于200MWh
2016.10	《节能与新能源汽车技术路线图》	中国工程学会节能与新能源汽车技术路线战略咨询委员会	2020、2025、2030年单位能量密度BEV用动力电池不低于350、400、500Wh/kg，PHEV用动力电池不低于200、250、300Wh/kg
2017.2	《促进汽车动力电池产业发展行动方案》	工信部、国家发改委、科技部、财政部	到2020年，动力电池成本降至1元/Wh以下，行业总产能超过100GWh
2018.1	《<中国制造2025>重点领域技术路线图》	国家制造强国建设战略咨询委员会	2020、2025、2030年单位成本0.6、0.5、0.4元/Wh
2018.12	《汽车产业投资管理规定》	国家发改委	现有车用动力电池企业扩能项目，企业上两个年度车用动力电池产能利用率均不得低于80%
2019.1	锂离子电池行业规范条件（征求意见稿）	工信部	取消对电池年产能的要求，新增研发经费不低于当年企业主营业务收入的3%
2020.11	《新能源汽车产业发展规划（2021—2035年）》	国务院	实施电池技术突破行动，开展正负极材料、电解液、隔膜等关键核心技术研究，加快固态动力电池技术研发及产业化
2021.9	《新能源汽车动力蓄电池梯次利用管理办法》	工信部、科技部、生态环境部、商务部	明确梯次产品生产、使用、回收利用全过程相关要求，完善梯次利用管理机制，公告符合梯次利用企业名单

资料来源：国家工信部、国家发改委

各类政策的扶持与培育使得中国动力电池产业发展迅速，在诸多核心技术上实现了技术突破。从政策内容来看，中国政府逐渐从扶持动力电池产业转为鼓励产业自我发展、做大做强，并逐步扩大动力电池产业的对外开放程度。自 2019 年工信部发布取消动力电池白名单以来，国际上众多动力电池企业涌入中国市场，例如 LG 化学有限公司、三星 SDI 公司、日本松下有限公司等，国际企业的进入进一步加剧了中国动力电池市场的竞争。根据中国汽车动力电池产业创新联盟的数据，从 2015 年至 2020 年，中国动力电池产量增长率达 390%，需求量增长率 530%，出货量增长率 373%，装机量增长率 285%，整体市场规模增长率 32%，具体如图 7.1 所示。

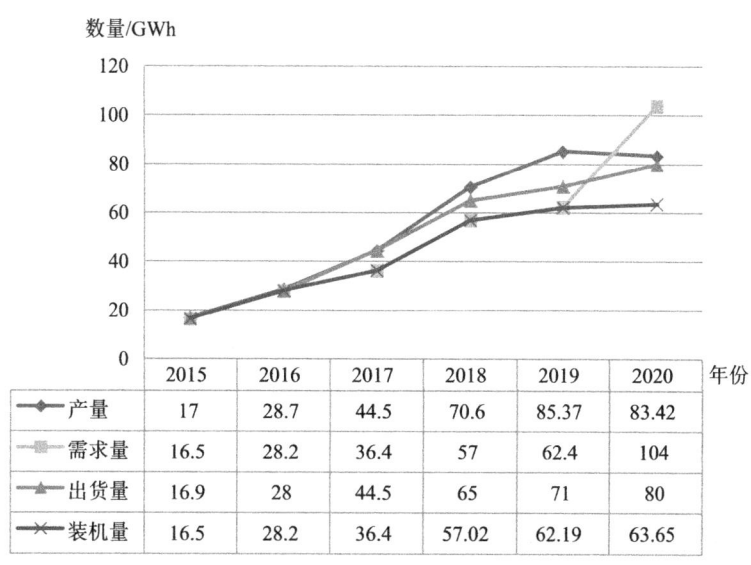

图 7.1　2015—2020 年中国动力电池产业概况

数据来源：中国汽车动力电池产业创新联盟

从市场规模整体来看，中国动力电池产业在资本和政策的双重推动下呈爆发式增长态势，由 2015 年的 490 亿元增长为 2020 年的 650 亿元，增长率达 32.65%。在产业追赶初期，以市场保护为目的政策限制了对国外动力电池企业的补贴，使得中国本土企业迅速发展，2015 年中国动力电池企业为 121 家，到 2016 年快速增长至 217 家，增长率高达 79%。但随着产业逐渐规范化，政府政策对动力电池企业产能以及利用率等要求不断提高，且动力电池产业优质资源较为稀缺，大量缺乏技术与规模优势的企业逐渐退出市场，市场中只剩下优质的头部企业，行业集中度逐渐提高，到 2020 年中国动力电池市场企业只剩下 30 家左右，具体如

图 7.2 所示。

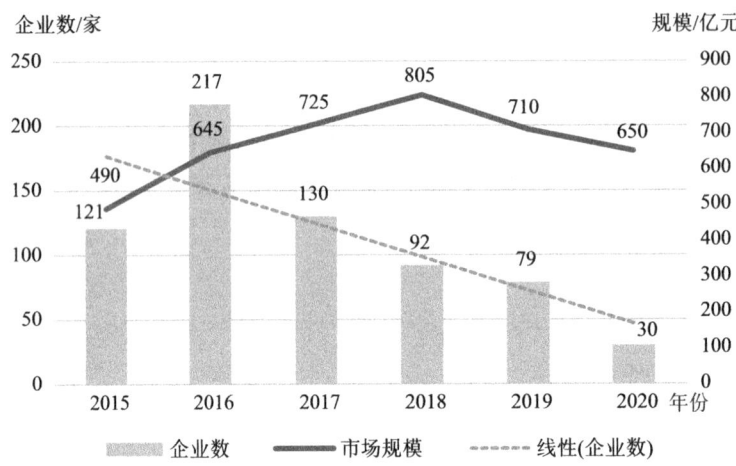

图 7.2　2015—2020 年中国动力电池产业企业数与市场规模

数据来源：中国汽车动力电池产业创新联盟

从动力电池类型看，市场上主要产品包括燃料电池、锂离子电池和镍氢电池。目前中国动力电池市场上锂离子电池与镍氢电池占据了90%以上的市场。锂离子电池中，磷酸铁锂电池和三元电池为主要产品，2020年，三元电池装机量为38.6GWh，占比锂离子电池市场份额的62.5%，磷酸铁锂电池装机量为21.7GWh，占比35.1%。尽管锂离子电池对镍氢电池产生了较大的替代作用，但由于镍氢电池具有极强的稳定性，仍占据混合动力电池90%以上的市场份额。燃料电池因其原材料清洁，所排放的气体成分十分符合低碳理念，因此被认为是理想的新能源，燃料电池在新能源汽车上的应用具有广泛的市场前景。但目前燃料电池汽车诸多关键核心技术还未突破，同等能量下的体积要比化学电池大得多，目前主要装载在商用车领域。2022年3月，国家发改委发布《氢能产业发展中长期规划（2021—2035年）》，提出加快燃料电池技术创新，持续提升其稳定性、可靠性，着力推进燃料电池核心技术及关键装备研发，同时完善燃料电池基础设施建设，部署一批加氢站，到2035年基本形成氢能产业体系。燃料电池目前虽在动力电池市场占据较小的市场份额，但在国家政策引导下，必将成为未来的主要清洁能源。2020年中国动力电池产业不同类型电池市场规模如图7.3所示。

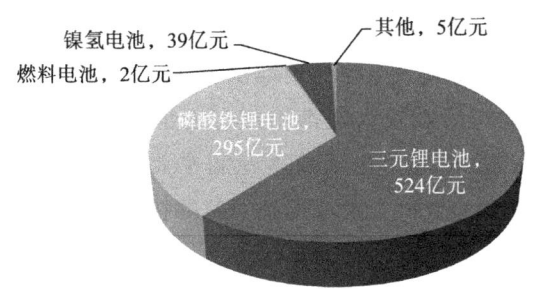

图7.3　2020年中国动力电池产业不同种类产品市场规模

数据来源：中国汽车动力电池产业创新联盟

7.2.2　中国动力电池产业追赶现状分析

动力电池作为新能源产业关键领域，在新能源汽车等产业具有广阔的市场空间。同时动力电池产品的技术门槛高、附加值高，其技术发展程度直接影响着整个上下游产业的发展。近年来，中国动力电池产业在政府政策的大力扶持下，已经实现了技术能力的整体提升，在诸多关键技术上都实现了突破。但在某些领域依然与国际巨头存在一定的技术差距。

使用德温特全球专利数据库，检索全球动力电池产业专利情况，各个国家的专利数据分布如图7.4所示。中国动力电池产业授权发明专利申请

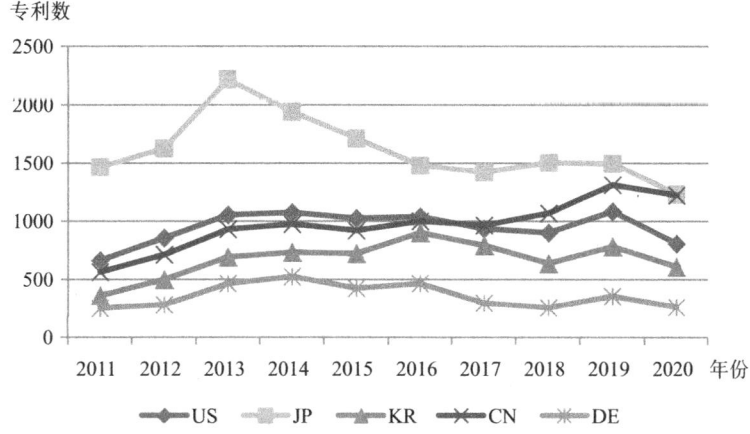

图7.4　2011—2020年动力电池产业主要国家授权发明专利申请量

数据来源：德温特专利数据库

量在2017年首次超过美国,成为除日本外世界第二大专利申请国,且数量呈现逐年递增态势。日本动力电池产业起步较早,前期技术领先优势十分明显,但随着其他各国研发投入逐渐增加,逐步缩小了与日本的技术差距。整体来看,当前全球动力电池技术专利主要集中在日本、美国、中国、韩国、德国几个国家,并未形成单独国家的技术垄断。

7.3 中国动力电池产业创新追赶路径选择

基于中国先进制造业技术追赶路径选择过程,首先进行中国动力电池产业技术链中的技术属性识别,然后测算不同属性的技术差距,根据结果进一步确定适合中国动力电池产业追赶的实现路径。

7.3.1 中国动力电池产业技术属性识别

1. 数据搜集与处理

为保证专利数据具有充分被引周期,本书选取2011—2020年为专利检索时间范围,选择德温特全球专利数据库作为专利数据信息获取平台。德温特专利数据库是世界上国际专利收录最全的数据库之一,涵盖化学、工程及电子等诸多领域的专利信息。当前市场上动力电池产品主要有锂电池、燃料电池和镍氢电池三种类型,结合主题词、德温特手工代码、IPC分类号以及专利号,最终确定动力电池产业专利检索策略为:"TS = ((lithium battery OR lithium lon battery OR li – lon battery OR fuel cell OR fuels cells OR nickel metal hybrid battery OR ni mh OR ni mh battery) AND (pure electric OR electric OR hybrid) AND (car OR cars OR vehicle OR vehicles)) AND MAN = (X16 *) AND IP = (H01M *) NOT PN = (AP * OR AT * OR AU * OR BE * OR CA * OR CH * OR EA * OR EP * OR FI * OR FR * OR GB * OR HK * OR IN * OR NL * OR NO * OR OA * OR RU * OR SE * OR SG * OR TH * OR TW * OR WO *)"。通过检索共获取15154条动力电池专

利数据，由于部分专利存在多个专利申请人与专利号，因此根据每个专利中的第一优先权国家信息，确定专利所属国家。最终得到日本、美国、中国、韩国、德国五个国家的授权发明专利数量分别为5744件、3140件、2799件、2145件、1326件。

2. 动力电池产业基础技术识别

根据发明专利是否存在科学论文引用，识别出日本、美国、中国、韩国、德国五个国家存在的基础技术专利数量，依次为176件、765件、76件、174件、94件。

3. 动力电池产业互补技术识别

按照技术属性识别流程，首先确定动力电池产业核心专利技术识别指标的权重，见表7.2。

表 7.2　　　　动力电池产业核心专利技术的识别指标权重

维度	权重	测度指标	权重
核心专利基础性	0.13	专利后向引证数	0.13
核心专利体系性	0.55	专利被引证数	0.25
		专利合作范围	0.30
核心专利竞争性	0.32	专利同族数	0.17
		专利技术覆盖范围	0.15

接着分别计算各个国家专利的核心技术指数CTI，由于专利数据量庞大且篇幅有限，此处只列出各国排名前10位的专利信息及其核心技术指数CTI，具体见表7.3。根据技术属性识别规则，将CTI指数高于平均值的专利技术看作核心技术，CTI指数低于平均值的专利技术作为互补技术。最终得到日本、美国、中国、韩国、德国五个国家的互补技术专利数量分别为3281件、1342件、1607件、1286件和812件。

表 7.3　　　　　　各国 CTI 前十名专利

	主人藏号	2011—A37036	2014—R70320	2013—F45511	2012—R17212	2011—L87900
日本	CTI	21.41	15.16	14.54	12.41	11.80
	主人藏号	2013—E24481	2012—J64016	2012—G94822	2011—H73172	2014—V60336
	CTI	11.75	11.49	11.03	10.99	10.67

续表

美国	主入藏号	2012—L82863	2016—44540E	2011—Q63912	2011—D32446	2012—N21152
	CTI	34.18	15.69	12.16	11.51	10.90
	主入藏号	2013—L25266	2013—V07192	2016—18582G	2012—E53947	2012—E41316
	CTI	10.84	10.21	9.95	9.82	9.80
中国	主入藏号	2013—R36269	2014—D39013	2016—30220A	2011—N87157	2012—A98862
	CTI	9.79	9.74	8.99	8.27	8.12
	主入藏号	2013—J31979	2013—A28180	2014—W46494	2016—43865D	2015—22785A
	CTI	8.02	8.01	7.59	7.08	7.04
韩国	主入藏号	2011—G31858	2016—39270M	2014—P77428	2016—79894C	2016—11241J
	CTI	16.55	13.55	12.18	11.35	11.31
	主入藏号	2012—R12794	2011—G31943	2015—37698F	2015—308035	2012—G34274
	CTI	11.03	10.81	10.76	10.76	10.72
德国	主入藏号	2011—M16381	2016—446481	2015—4133D	2014—M13662	2011—M16512
	CTI	39.72	10.54	10.04	9.44	9.23
	主入藏号	2013—Q36676	2016—22816P	2015—418255	2011—P07015	2014—J27033
	CTI	7.97	7.90	7.45	7.33	7.20

4. 动力电池产业架构技术与元件技术识别

由于德温特专利数据库中的专利摘要信息是英语信息,因此先将前文表4.2中提出的架构技术与元件技术的判定特征词转换为英语,然后进行词频统计。最终确定日本、美国、中国、韩国、德国五个国家基础技术、互补技术、架构技术与元件技术的专利数量见表7.4。

表7.4　　　　动力电池产业主要国家不同类型技术的专利数量

国家	架构技术	元件技术	基础技术	互补技术	合计
日本	968	1319	176	3281	5744
美国	548	485	765	1342	3140
中国	590	526	76	1607	2799
韩国	267	418	174	1286	2145
德国	127	293	94	812	1326
合计	2500	3041	1285	8328	15154

7.3.2 中国动力电池产业技术差距测算

在识别出日本、美国、中国、韩国、德国五个国家动力电池产业技术创新链中四种技术属性的专利数量后,根据 RTA 指数的计算方法,得到五个国家各个类型技术的 RTA 指数,结果见表 7.5。

表 7.5　　动力电池产业主要国家不同类型技术的 **RTA** 指数

国家	架构技术	元件技术	基础技术	互补技术
日本	1.02	1.14	0.36	1.04
美国	1.06	0.77	2.87	0.78
中国	1.28	0.94	0.32	1.04
韩国	0.75	0.97	0.96	1.09
德国	0.58	1.10	0.84	1.11

在表 7.5 中,分国家来看,日本动力电池产业技术创新链的综合 RTA 指数最高,比较优势明显,处于世界领先地位,美国仅次于日本位居第二位,且美国基础技术的 RTA 指数显著高于其他四个国家,处于领先地位。从中国动力电池产业四类技术的 RTA 指数来看,架构技术的 RTA 指数最高,处于领先水平,比较优势明显,但基础技术的 RTA 指数最低,与其他国家差距较大,属于当前中国动力电池产业技术创新链中最薄弱的环节,相比而言,元件技术和互补技术的 RTA 指数处于中等水平,与领先国家依然具有一定的差距。

7.3.3 中国动力电池产业创新追赶路径确定

基于动力电池产业技术差距测算结果,全球主要国家在动力电池产业技术创新链中具有不同的技术比较优势。其中,美国在基础技术方面处于全球领先地位,日本在元件技术上领先,中国在架构技术上领先,德国在互补技术上领先。中国动力电池产业虽然在市场规模上已经连续两年处于全球第一的位置,但部分关键技术与其他领先国家相比依然存在一定的差距,尤其在产业技术创新链中的基础技术环节。综上,基于技术属性识别、技术差距测算，对比中国动力电池产业与领先国家的技术发展情况，确定现阶段的中国动力电池产业选择基础技术主导的渐进式追赶路径。

当前，中国动力电池领域的龙头企业已经在基础技术研究开始了追赶。例如自2017年起，宁德时代已连续五年蝉联全球最大的动力电池生产商，2017—2021年之间，宁德时代研发费用占营收比重始终维持在6%~8%之间，与竞争对手LG化学电池对比，宁德时代的研发费用更高。从绝对值上看，2021年宁德时代研发投入达到76.91亿元，同比增长115.48%，公司研发人员达到1万人，同比增长80.24%，其中5793人是30岁以下的年轻研发力量。宁德时代还积极与清华大学、厦门大学、上海交通大学、中山大学等高水平大学进行技术合作，围绕高比能、循环寿命、充电技术、电池安全、温度控制等诸多方面进行技术布局。可以看到，中国动力电池产业的基础技术短板已经在领军企业牵头下开始了快速追赶之路。

7.4 中国动力电池产业创新追赶路径实施与控制

结合基础技术主导的渐进式追赶路径的特点，围绕产业创新追赶机理以及产业发展现状，从基础研究能力培育、基础研究成果转化以及产业创新生态完善三个方面提出中国动力电池产业创新追赶路径控制策略。

7.4.1 创新追赶路径实施策略

1. 培育以领军企业为主体的基础研究能力

产业基础研究是成功开展应用研究的先决条件，是保持产业竞争力，促进产业创新追赶的根本动力。中国动力电池领域已经拥有了宁德时代、比亚迪、欣旺达、中创新航等一批领军企业，2022年上半年全球动力电池装机量前20企业中，有15家是中国企业，在增速超过100%的12家动力电池商中，有11家为中国企业。此外，清华大学、北京理工大学、中南大学等一批高校在动力电池研究领域成果丰富。因此，进一步加强动力电池领军企业牵头的产学研合作，围绕关键材料制备低碳化、全固态电池关键技术、电池制造智能控制等关键领域开展联合攻关，培育中国动力电池领军企业的基础研究能力，形成行业关键技术突破的新机制成为推进创新追赶步伐的关键。具体而言，领军企业要持续加大研发投入，保持对前沿技术的高度关注，与大学、科研院所共同探讨从动力电池结构创新向材料体系创新的新路径。政府要坚持做好技术创新公共服务平台搭建，引导高校、科研院所、领军企业共享共建，切实发挥各类创新平台的公共服务作用。高校和科研院所要积极与企业对接，面向动力电池行业重大现实问题，开展有组织科研活动，做好基础科学研究、人才培养和社会服务。

2. 加强动力电池前沿技术研究

现阶段，中国动力电池已经具备架构技术、元件技术和互补技术的创新能力，主要动力电池产品具备较强的市场竞争力。无论磷酸铁锂电池、三元电池还是磷酸锰铁锂电池，都有各自特色的应用领域。但是随着我国"双碳"战略的深入实施，低碳、绿色、环保的电池产品将成为主流，行业领军企业必须敏锐的捕捉全新的市场机会，保持开放与对外合作，积极和美国、韩国、日本的领先企业共同探讨和交流动力电池领域的前沿技术，抢占未来竞争的制高点。

3. 打造适宜的产业创新生态

产业环境的变化既会打破产业运行的稳态，加速技术能级的跃迁，加快新知识和新技术的产出，又会形成有利于持续创新发展的产业格局。政府作为产业创新生态最重要的调控者，应根据中国动力电池产业基础技术创新的阶段性目标，结合当前产业发展需求与现状，出台促进产业基础研究能力提升的针对性扶持政策。尤其在引导企业加大研发投入、知识产权管理和创新型人才培养等方面应该大有可为，可以依托动力电池领域的各类科研项目和工程项目，加大对海外优秀人才的引进，加强国内创新人才的培育，引导高校面向产业需求设立专业，持续为产业创新赶超提供高质量人力资源。

7.4.2　创新追赶实现路径关键点控制

从技术创新方向和价值创造主体两个维度制定中国动力电池产业创新追赶实现路径关键点控制策略。

1. 动力电池的技术路线

2020年10月，中国汽车工程学会发布《节能与新能源汽车技术路线图（2.0）》，其中对动力电池的发展方向和技术路径进行了详细的规划。动力电池的生产需要上游锂、钴、锰、镍等原材料，目前全球这些原材料资源的分布、储量等问题成为制约产业发展的重要因素。例如，从储量来看，目前全球钴资源的经济可开采储量只有710万吨，锂资源经济可采储量为2100万吨。从分布来看，全球锂矿有3/4分布在澳大利亚、智利、阿根廷，钴矿有2/3依赖于非洲的刚果金，镍矿的一半依赖于印尼和俄罗斯，资源分布是极不均匀。

对于中国动力电池产业而言，为进一步降低动力电池面临的不确定性，构建以可持续发展为目标的技术路线迫在眉睫。要在电池全生命周期的碳排放管理、电池回收技术、电池全链条智能化等方面加快技术布局，在固态电池、锂硫电池、金属空气电池等新体系电池技术研究方面进一步突破，并加快实现新体系电池实用化。

2. 动力电池的价值链格局

从动力电池价值链构成来看，各类动力电池价值链的上游都是原材料供应商，包括镍钴锰、锂矿和石墨矿等资源的供应商，中游企业主要生产电池部件的正极、负极、电解液和隔膜组成电芯，并将电芯封装成为电池模组，下游是动力电池生产企业，把产业链中游获得的中间产品加工成动力电池，最后形成新能源汽车、手机等产品上使用的不同类型的动力电池产品。

动力电池产量的快速膨胀会刺激上游材料周期性涨价，2021年之前，动力电池的材料成本结构大致是正极占总成本的30%、负极占18%、电解液占6%、隔膜占6%。但是2022年出现原材料价格暴涨，其中正极材料的成本占比已经接近50%,这些成本最终传导给普通消费者。从价值分布来看,上游的矿产商以及材料加工商的利润率远远高于电池制造商和整车制造商,例如国内最大的锂电新能源核心材料供应商天齐锂业,2022年上半年,归属上市公司股东的净利润为103亿元,同比增长119倍。然而,中国锂电池原材料并没有掌握在国人手上,锂资源的对外依存度高达85%。换句话说,目前中国企业对上游原材料价格的话语权不足,导致下游大量企业为上游企业"打工",并未真正实现可持续的价值创造。

综合来看,目前中国动力电池产业并未建立自主可控的产业价值链,亟待在各个环节进一步提升。2020年11月,国务院办公厅公布《新能源汽车产业发展规划(2021—2035年)》,其中提到要推动动力电池全价值链发展,鼓励企业提高锂、镍、钴、铂等关键资源保障能力。因此,打造从上游原材料到下游产业应用的全价值链迫在眉睫。

7.4.3 创新追赶实现路径风险控制策略

1. 技术创新链风险控制

结合以上分析可知,动力电池主要包括三元锂离子电池、镍氢电池、燃料电池、铅酸电池和钠硫蓄电池,其中三元材料锂离子电池因其能量密度高、寿命长等优势,成为行业主要发展趋势,但随着固态电池、燃料电池等新技术体系的不断完善,行业将面临新技术体系的挑战。对于目前动力电池制造商而言,寻找合作伙伴并积极投入新技术体系研发是降低技术替代风险的关键举措。

对中国动力电池行业的制造商而言,提高上游原材料价格的定价权迫在眉睫,可以通过收购、兼并、技术入股等形式,实现动力电池制造的纵向一体化,同时加大在原材料开采与加工技术方面的研发投入,确保关键材料自主可供。对中国动力电池应用企业而言,尤其是新能源汽车领域的整车企业,要建立全产业链自主可控的新技术体系,加强与国内外高水平大学、科研院所合作,并积极打通上游原材料、中游电池制造和下游产业应用,从而避免目前被关键材料供应商"卡脖子"。

2. 价值创造链风险控制

价值创造链风险主要来源于价值主张变更、价值传递渠道与价值分配方式三个维度。首先，中国动力电池产业的市场化程度较高，行业头部企业都是具备较强创新能力和市场竞争能力的科技型企业，具备十分敏锐的市场感知能力，并且与客户建立了良好的合作关系和沟通机制，其价值主张变更风险较小。其次，由于中国动力电池上游原材料供应商掌握了产业链定价权，动力电池制造商只能被动与上游有限的几家原材料供应商进行合作，上游渠道关系的潜在风险较大，并且面临原材料渠道的"卡脖子"风险。最后，从价值分配方式来看，上游原材料供应商对产业链中各个利益相关者之间的价值分配具有决定性影响，导致动力电池制造商和下游用户并没有价值分配的主导权，以至于影响其自主创新动力，这种价值分配方式的合理性和激励性存在潜在风险，亟待通过纵向整合、上下游兼并等方式进行规避。

第 8 章

中国高铁产业创新追赶研究

高铁列车是我国成功实现追赶超越的代表性产业之一,对其追赶历程的系统性研究具有重要的理论意义和现实价值。一方面,中国高铁列出的追赶历程涉及了原铁道部、高铁装备制造商、零部件供应商、高校、科研院所等各类主体,他们之间形成了极其复杂的作用关系,为理论研究带来挑战。另一方面,高铁作为已经实现追赶超越的先进制造产业,对其追赶历程的回顾是一种事后解释,单一视角的观察无法全方位还原高铁产业发展所面临的情境,需要更加系统、综合的研究视角。为此,采用创新生态系统视角,深入挖掘中国高铁产业追赶历程中关键要素、利益相关者及其关系演变规律,丰富了先进制造业创新追赶理论,拓展了创新生态系统应用领域,对后发国家和地区的先进制造业赶超具有借鉴意义。

8.1 中国高铁产业创新追赶背景

根据国际铁路联盟的规定,高速列车是时速不低于 200 千米的列车。高速列车的出现可以大幅提高列车旅行速度,从而提高火车运输效率。1903 年德国电力机车创造了 210.2km/h 的速度,1938 年英国"野鸭号"蒸汽机车创下了 202.7km/h 的速度。不过在 20 世纪 60 年代以前,没有任何铁路系统能达到确保高速列车持久稳定高速行驶的要求。直到 1964 年日本新干线开通后,高速列车才有了大规模批量生产和实际运用的客观环境,高速列车技术得以真正不断完善走向成熟。

随着改革开放之后中国经济的高速发展，传统以内燃机为动力的机车难以满足经济社会快速发展的需要，以电力作为能源驱动或靠磁悬浮力的新型机车受到广泛关注。中国从 20 世纪 90 年代开始了高速列车的技术研发，第一台电力动车组 KDZl 是由长客、株洲所和铁科院于 1988 年研制成功的，其试验时速达到 143 公里，但由于动车组运输方式不适合当时的中国国情，导致该产品只能放在实验室里面。1995 年之后，中国高铁装备研发人员广泛尝试内燃式、摆式、电动等多种技术路线，并开发出型号众多的高速列车原型。据统计，这一时期中国本土企业共推出 13 种新型动车组，但总产量仅有 40 列。从 2003 年开始，中央政府决定建设一批重大工程项目，包括核电和大飞机项目，同年 3 月，原铁道部提出 5 年内实现中国铁路"跨越式发展"的目标，以此为起点，中国高铁开始了大规模技术引进，直至 2017 年"复兴号"高速列车开通运行，中国高铁走过了一段长达几十年的创新追赶之路。

8.2 中国高铁产业创新追赶研究设计

8.2.1 案例选择

关注中国高铁产业如何实现成功追赶的问题需要采用具备历史描述性功能的单案例研究方法，深入案例本身，挖掘追赶规律，回答"如何"和"为什么"的问题。当然，除了中国高铁以外，中国在核电、航空航天等先进制造领域也实现了追赶超越，而选择中国高铁产业作为对象的原因有以下三个方面。

首先，高铁列车作为先进轨道交通装备的核心领域，是一个典型的复杂产品系统，中国作为新兴经济体，从轨道交通的后发者跃升成为高铁技术的引领者，案例本身就具有很强的典型性和代表性，符合单案例选择的一般原则。其次，高铁产业包括了高速车辆系统、通信和信号系统、桥梁和隧道工程系统、牵引供电系统、调度系统和乘客服务系统，中国高铁产业追赶过程伴随不同系统从无到有、从有到优的成长过程,也是创新生态系统培育与发展的过程,并且大量用户、政府、机车车辆制造商、大学、供应商和互补者参与到了这个过程当中,这为创新生态系统视角的引入奠定了基础。最后,高铁作为中国基础交通网络的重要组成部分,长期以来受到中央和地方政府的高度重视,政府和公共机构收集了关于中国高铁行业的丰富数据,形成了政策、书籍、文件、报告、视频和其他各类资料数据,为深入研究奠定了数据基础。

8.2.2 数据收集

为了保证研究的信度和效度,通过多种渠道收集中国高铁产业的研究数据,见表8.1。

表 8.1　　　　　　　　　　研究数据

数据类型	数据来源	内容	规模
政策文本	国务院、交通运输部等政府官方网站	2005—2020年中央政府支持高铁产业发展的20份文件	近5万字
采访视频	中央广播电视总台	中国高铁纪录片,"复兴号"高铁列车设计师的专访	近5小时
文献和书籍	Web of Science 数据库、中国知网	40篇有关中国高铁的中英文文献,5本关于中国高铁的书籍	近70万字
行业报告	行业协会,独立第三方研究机构	世界银行发布的世界银行《China's High-speed rail development》报告1份,前瞻产业研究院专题报告2份	近6万字

8.2.3 数据分析

对中国高铁产业研究数据的清洗与分析过程包括以下三个步骤。第一,整理形成"历史事件库",挖掘中国高铁产业发展的里程碑事件,如图8.1所示,划分中国高铁后发赶超中的时间节点;第二,按照时间顺序进行三角验证,全面比较不同来源的数据,排除传记和无关数据,初步形成近40万字的文本数据;第三,比较中国高铁的关键时间节点和关键事件，多次梳理关键事件之间的结构和逻辑关系，最后形成近30万字的文本数据库。

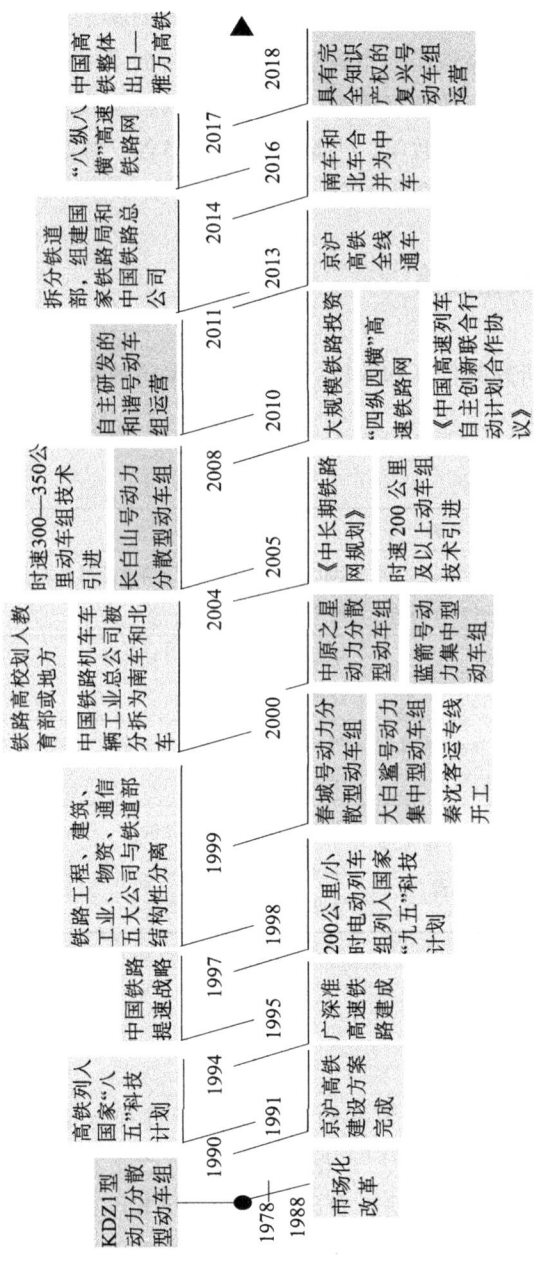

图 8.1 中国高铁产业关键事件

8.2.4 研究框架

按照先进制造业纵横网络结构分析方法,创新生态系统可分技术创新子系统、价值创造子系统和创新环境子系统,因此构建中国高铁产业创新追赶的研究框架,如图8.2所示。

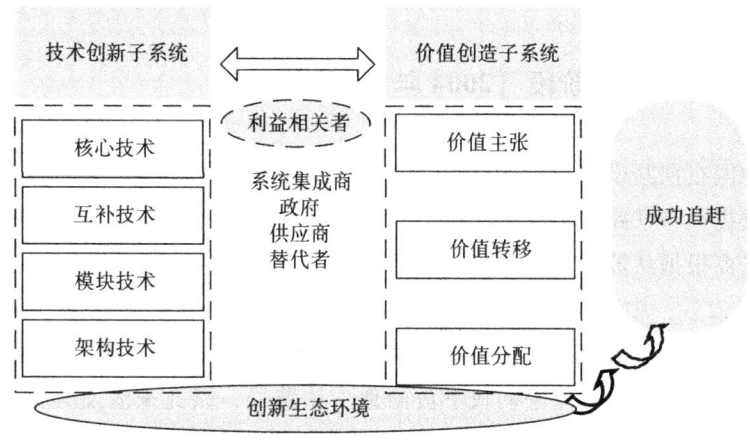

图 8.2 中国高铁产业创新追赶的研究框架

第一,技术的相互依赖性决定了现有创新生态系统的竞争优势取决于集成商、供应商与互补者之间的综合作用关系。由于中国高铁产业的复杂性,其关键组件供应商数量众多,并且组件数量、定制程度、知识库的范围和供应商的能力都会影响产业追赶进程。另外,对高铁列车而言,高铁线路、桥梁、高铁车站等互补技术发展水平也是制约追赶的重要因素。第二,中国高铁价值创造子系统中的集成商、政府、供应商、用户等都参与了价值共创活动,由于高铁行业的特殊性,在市场机制发挥、早期价值主张确定、价值合理分配等方面表现出独特性。第三,与自然生态系统类似,创新环境子系统由主体间的竞争与合作关系决定,就竞争环境而言,保护性产业政策是政府发展先进制造业的主要选择。例如韩国政府在1976年规划了造船业的促进政策,并颁布了财政激励、补充投资和贸易激励等政策,以保护国内市场。同样,印度和中国政府采用了丰富的保护政策来发展风力涡轮机产业。在合作环境方面,鼓励产学研合作是后发者的典型做法。例如伊朗燃气轮机行业、韩国电子政务和中国医疗器械行业的赶超均表明，大学与行业的紧密联系是赶超的关键因素。

8.3 中国高铁产业创新追赶过程

8.3.1 进入阶段（2004年之前）

中国在铁路设备行业拥有50多年的独立产品开发经验。早在1956年，政府就提议将铁路牵引动力从蒸汽机车转向电力机车和柴油机车，机车车辆制造商根据从苏联、法国和日本购买的电力机车原型开始了自主研发。1978年以后，中国高铁产业正式步入追赶阶段。国务院在"八五"和"九五"发展规划纲要中，明确提出轨道交通行业扩能和提速的总体目标。同时，原铁道部将列车采购权下放给地方铁路局，以此来激发其自主运营活力，这也促使许多地方铁路局与原铁道部下属的机车车辆制造商、大学和科研机构合作，开发新的机车车辆并测试新的铁路线路。图8.3展示了此阶段中国高铁创新生态系统中的关键利益相关者。

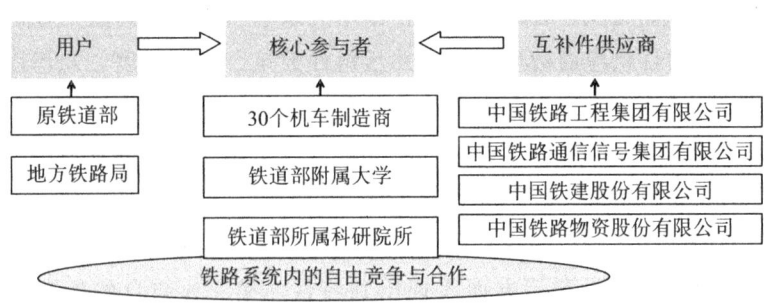

图8.3 进入阶段中国高铁的利益相关者

在机车车辆系统方面，机车车辆制造商广泛尝试了各种技术路线，如内燃机车、摆式机车和电力机车。20世纪90年代末，累积开发了13种准高速机车车辆原型。例如，中国第一辆最高时速达到160公里/小时的准高速机车"DF9"号是中国中车戚墅堰有限公司于1990年开发的。第一辆投放市场的准高速柴油动车组"NZJ1"号是由中国中车股份有限公司戚墅堰有限公司和中国中车南京浦镇有限公司于1999年联合开发的,但该机车只生产了1辆。

具体来看,在电力动车组方面,中国此阶段主要开发了分布式牵引动车组和集中式牵引动车。"KDZ1"是最早自行设计的动车组,由中车长春轨道交通车辆有限责任公司与中车株洲研究所有限公司从1978年至1988年,历时10年完成,该车辆试验速度为143km/h,但受运行条件限制,无法正式投入使用。之后,中国机车车辆制造商又成功开发了"春城"号、"先锋"号和"长白山"号等新车型。

尽管如此,中国此阶段在集中牵引电动车组方面也取得了重大突破。例如,1999年,由中国中车株洲研究所有限公司、长春轨道交通车辆有限责任公司、青岛四方股份有限公司、唐山股份有限公司、南京浦镇股份有限公司以及原铁道部所属高校和科研院所共同开发的"白鲨"号,在广深铁路上以223.2km/h的速度完成测试,并以180km/h的最高速度从深圳行驶到广州。随后,"蓝箭"号、"中国之星"等集中牵引电动车组应运而生。"中国之星"在试验阶段以321.5公里/小时的速度运行,于2005年8月至2006年8月在沈阳—山海关正式运营,并于2004年12月在秦沈客运专线完成了53.6万公里的总里程测试。

在互补性资产方面,首先此阶段高速铁路建设技术取得发展,原铁道部与多个部委共同设计完成了多条高速铁路。例如1990年,原铁道部组织完成"京沪高铁线路方案构想报告",1993年由原铁路部牵头开始研究京沪铁路建设重大技术经济问题,1999—2003年,原铁道部共设立高速铁路科研项目553项,直到2008年4月京沪高铁开工建设,整个过程历时18年。1999年,中国第一条自主开发、设计和建设的客运专线秦沈客运专线开通。其次一批国有企业掌握了高铁线路的设计、施工与运营技术,2000年原铁道部重组后,成立了中国铁路通信信号集团有限公司、中国铁建股份有限公司、中国铁路工程集团有限公司、中国土木工程集团有限公司等几家企业,全面负责铁路通信信号系统、铁路工程建设系统和物资供应系统。最后中国开始改造和建设适合高铁的大型车站。比如2001年11月,中国铁路建设投资最大、技术最先进的北京西站正式投入使用。

8.3.2 跟随阶段（2004—2007年）

2003年3月，原铁道部提出了中国铁路五年内实现"跨越式发展"的目标。在短时间内实现这一目标的最佳选择是从国外获得先进、成熟、经济、适用和可靠的高速机车车辆技术，因此，从2004年开始，中国高铁启动了最大规模的技术引进，并快速步入跟随阶段。图8.4展示了此阶段中国高铁创新生态系统中的关键利益相关者。

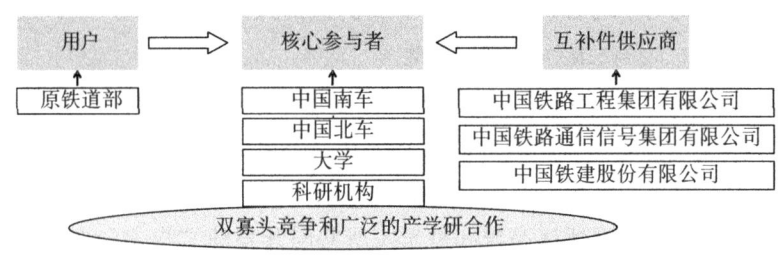

图8.4 跟随阶段中国高铁的利益相关者

在机车车辆系统方面，为了保持合理的市场集中度，众多分散的机车车辆制造商被重组为中国南车和中国北车，2004年，原铁道部正式引进了时速为200 km/h的动车组。其中，由中国南车青岛四方股份与日本川崎等组成的联合体获得3包60列动车组订单，以"E2—1000"为原型车，引进后发展成为CRH2系列车型；中国北车长客股份与法国阿尔斯通结成联合体获得3包60列动车组订单，以"Pendolino 600/610"为原型车，引进后发展成为CRH5系列车型；加拿大庞巴迪在中国的合资公司四方庞巴迪获得20列动车组订单，以"Regina C2008"为原型，引进后发展成为CRH1系列车型。2005年11月，中国北车唐山公司与德国西门子组成的联合体获得3包60列动车组订单，以"Velaro E"为原型，引进后发展成为CRH3系列车型。值得注意的是，由于技术引进，中国南车和北车的自主研发项目被暂停，大量自主研发经费转而投向高铁列车技术国产化领域，但是一些依旧坚持自主创新的机车制造商通过干中学提高了技术能力。例如，中车青岛四方有限公司与六家外国公司联合设计了CRH2A，在此基础上衍生出了CRH2C车型，此车型是青岛四方通过重新设计系统参数独立开发的，并将速度水平从 200 公里/小时提高到 350 公里/小时，成为 CRH380 系列的试验实体样车。如果没有长期的自主创新投入，青岛四方很难独立完成更高速度列车的系统设计。

在互补性资产获取方面，首先 2004 年中国发布了《中长期铁路网规划》，明确提出了"四纵四横"的铁路网络建设计划，提出了建设 12000 公里客运专线的目标。其次中国铁路工程建设技术和运营技术大幅度提升。例如中国铁建开发了地面沉降处理技术、隧道施工技术和先进的地质预测技术。同时，相关企业再一次进行国有企业股份制改革，推动中国铁建、中国铁路工程建设集团等国有企业上市。最后中国高铁车站建设取得新突破，北京、上海、深州等城市全部建成高铁专用车站。

8.3.3 加速阶段（2008—2015 年）

自技术引进以来，中国高铁并未停止技术创新的步伐。2008 年 2 月，原铁道部和科技部发布了《中国高速铁路车辆自主创新联合行动计划》，旨在尽快建立具有自主知识产权、时速超过 350 公里、具有较强国际竞争力的中国高铁列车技术体系。此后，中国高铁进入了加速追赶阶段，图 8.5 展示了此阶段中国高铁创新生态系统中的关键利益相关者。

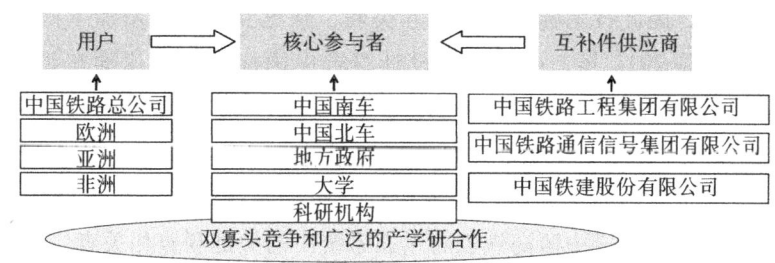

图 8.5　加速阶段中国高铁的利益相关者

在机车车辆系统方面，中国南车和中国北车围绕产业链分别构建了自己的生态系统。在原铁道部和科技部的支持下，南车和北车在技术获取和吸收的基础上分别开发了 CRH380A 和 CRH380B，并命名为"和谐号"。2010 年，CRH380A 在北京至上海铁路的一次测试中达到了 486.1km/h 的最高速度。2011 年，380 系列动车组开始在京沪铁路上投入商业运营。该系列车型中的一些核心技术模型，如牵引传输和网络控制系统，由中国企业自主开发。因此，380系列动车组成为中国高铁一体化创新的代表产品。

中国的380系列动车组在国内表现良好，并出口到泰国、马来西亚和墨西哥等其他国家。2010年12月，在北京举行的第七届世界高铁大会上中国与泰国、老挝签署了一项合作协议，旨在建设一条连接中国、老挝、泰国和其他亚洲国家的高铁线路。2014年，中车株洲研究院有限公司在马来西亚成立了"东南亚铁路中心"，为当地提供高铁列车。

在互补性资产方面，一是铁路线路里程和投资规模不断扩大。截至2015年12月，中国高铁实际运营里程达到1.98万公里，居世界首位。铁路项目投资从2008年的3376亿元飙升至2009年的6004亿元，2010年达到8427亿元的峰值。二是高铁土木工程和建筑技术的自主创新能力显著提高。例如，2012年，中国铁路工程集团有限公司建造的南京大胜关长江大桥获得了国际桥梁协会颁发的乔治·理查森奖。三是地方政府开始参与高铁的建设。例如广东省和山东省承诺参与地方高铁车站和高铁线路建设项目。

8.3.4 开拓阶段（2016年至今）

经过技术引进、消化吸收与自主创新，380系列动车组在短时间内满足了人们出行的需求。然而，380系列的不同型号产品是基于不同的产品平台开发的，因此技术标准没有相互关联，缺乏互换性，增加了操作和维护成本。于是2012年，中国提出设计符合中国标准的高速动车组。2016年7月，新一代标准动车组完成了世界上第一次420公里/小时的交会和重联试验。2017年6月25日，中国标准动车组正式命名为"复兴号"，第二天在北京至上海的高速铁路上正式运行。中国高铁进入了自主开拓阶段，图8.6展示了此阶段中国高铁创新生态系统中的关键利益相关者。

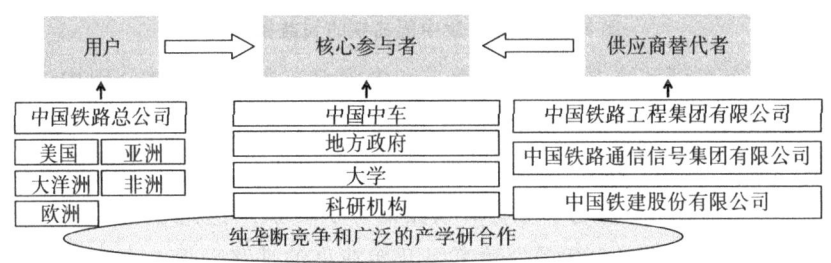

图8.6　开拓阶段中国高铁的利益相关者

在机车车辆系统方面,"复兴号"动车组采用了 260 种标准,包括 84% 的中国标准和一些国际标准,形成了 CR300AF 和 CR400AF 两个产品平台,速度分别为 250km/h 和 350km/h。与"和谐号"动车组相比,"复兴号"动车组在技术上更先进、更安全、更舒适、更具成本效益。例如,"复兴号"动车组的设计寿命为 30 年,而"和谐号"动车组为 20 年;"复兴号"采用全新的低阻力流线型头部和车身平滑设计,与"和谐号"动车组相比,行驶阻力降低了 7.5%~12.3%;当以 350 公里/小时的速度运行时,"复兴号"每百公里的人均能耗减少了约 17%。

在互补性资产方面,首先中国高铁线路的建设里程和运营里程持续增加。从 2016 年到 2019 年,中国铁路的固定资产投资每年超过 8000 亿元人民币,每年建设高铁线路 5000 多公里。截至 2020 年 12 月,全国铁路运营里程达到 14.63 万公里,其中高铁线路 3.8 万公里,占世界高铁运营里程的 66% 以上。其次中国高铁线路的勘测设计、工程建设和通信信号的实践经验被标准化,形成了一系列国际标准。最后中国 95% 的人口在 100 万以上的城市都已经建成了高铁车站。

8.4 中国高铁产业创新追赶机理

8.4.1 追赶中的技术创新子系统

通过对中国高铁产业追赶过程的分析,发现高铁列车的创新生态系统一直伴随追赶过程发生演变。

从技术创新子系统来看,新兴经济体先进制造行业的成功追赶应是从核心技术到互补技术的过程,技术引进通常被视为技术追赶的第一阶段,但中国高铁的追赶过程表明,技术引进可能只是加速复杂产品行业技术追赶步伐的变量,并非决定技术追赶起点的变量。相比之下,以自主研发为起点可能更加关键。

中国高速列车的自主技术研发起步很早,但大多数原型都以失败告终,并未实现商业化。事实上,从四家外国公司获得列车技术,只是缩短了追赶的时间。换言之,中国的机车车辆制造商在技术引进之前已经积累了一定的技术能力,这才使得高铁列车的自主设计、制造和集成可以在短时间内完成。

对于铁路规划技术、土木工程和施工技术、通信和信号技术等互补性技术,中国本土的供应商在技术引进的过程中边干边学,最终完成了自主创新,高铁工程技术达到世界领先水平。与其他国家相比,中国高铁建设过程中遇到的多样化场景为互补技术的快速发展提供了条件,而这一点在韩国、伊朗等国家的产业追赶中并没有被发现。附表3展示了中国高铁技术创新子系统的典型例证。

8.4.2 追赶中的价值创造子系统

从价值创造子系统来看,新兴经济体先进制造行业的价值创造子系统经历了从封闭的价值系统到开放的价值共创系统的过程,产业市场范围从国内市场逐步扩展到全球市场,这与韩国和日本等出口导向型国家的情况相反。这是因为一方面,国有企业在许多新兴经济体先进制造行业中发挥着重要作用,其不太健全的管理制度很容易形成封闭的价值体系。然而,价值创造子系统应该通过市场化改革来改变。另一方面,一些新兴经济体拥有大规模的国内市场,这为先进制造领域复杂产品的测试和迭代提供了重要机会。

首先,中央政府的价值主张从铁路装备现代化转变为建设铁路强国。因此,原铁道部在2000年后加快了市场化改革的步伐,这也使中国高铁产业形成了一个由国有企业、中央和省级政府以及社会资本共同支撑的多价值源体系。这种价值结构在决策和信息传递方面非常有效,与韩国、印度和伊朗等其他新兴经济体相比,这种高效的价值体系结构成为中国高铁最重要的特征。其次,在原铁道部政府职能与企业管理职能分离之后,价值转移机制从原铁道部指挥演变为遵循市场化原则,这就激励了利益相关者的积极性,但这种系统性改革在全球其他新兴经济体复杂产品行业中十分罕见。最后,价值分配网络从原铁道部的内部价值网络延伸到外部价值网络。例如,中国的机车车辆制造商正在逐步参与全球竞争,提高其在全球高铁制造网络中的地位和实力。附表 4 展示了中国高铁价值创造子系统的典型例证。

8.4.3 追赶中的创新生态环境

追赶过程中的创新生态环境受到利益相关之间动态竞争与合作情况的影响，为适应新兴经济体的创新追赶情境，竞争与合作关系总是动态变化的。

在追赶过程中，中国高铁创新生态系统内的竞争环境逐渐发生变化。例如，机车车辆制造行业结构经历了制造商自由竞争、双寡头垄断和纯垄断的过程，而互补件供应商的行业结构从寡头垄断到自由竞争，这与伊朗的陆上燃气轮机产业有所不同。高铁的追赶过程表明，更加集中的产业结构有助于复杂产品的追赶，这与 Lee 等（2017）认为的市场细分加速本土企业追赶的观点不同。具体来说，第一，中国的机车车辆技术起源于 30 家机车制造商在进入阶段的自由竞争。原铁道部发布了一系列措施，鼓励机车车辆制造商之间的技术竞争。虽然大多数原型车辆最终没有实现商业运营，但机车车辆制造商的设计和制造能力有所提高，并且通过在原型车的自主研发过程中培养了大量的技术人才。第二，2000 年，中车被分为南车和北车，但 2014 年再次合并为中车。在此期间，原铁道部为了将行业集中度保持在合理范围内，以协调人的身份控制着南车与北车之间的竞争，避免形成恶性竞争。第三，中国中车、中国中铁工程集团、中国铁路通信信号集团垄断了国内机车市场、铁路上建市场以及信号和通信市场，这种高度集中确保了中国高铁产业的利益相关者能够保持战略一致，间接推动了中国高铁的整体出口。

中国高铁行业的合作环境也在逐渐变化，合作范围从封闭的铁路系统拓展为开放、多元化的合作系统。具体而言，第一，中国早期的铁路系统是一个高度独立、完全封闭的系统，几乎涵盖了机车车辆厂、零部件供应商、大学、科研院所等所有创新主体，但该系统内的合作由于监管的原因十分有限。第二，原铁道部改革后，更多的大学、科研院所和零部件企业有机会参与铁路研究和建设项目，并帮助高铁技术本地化，此时的合作范围更加广泛和多元化。附表 5 展示了中国高铁创新生态环境的典型例证。

8.4.4　创新追赶动力

创新追赶过程中先进制造产业创新生态系统随之演变，为了更深入地理解这种演变过程是如何发生的，有必要进一步研究创新追赶动力以及在不同动力要素作用下，创新生态系统内部的结构发生了何种变化。按照创新生态系统利益相关者不同，重点关注了来自四类主体的动力，分别是政府的制度化动力、系统集成商的自主创新动力、大学的基础研究动力和互补件供应商的支撑力。

1. 政府的制度化动力

政府通过各类政策直接或间接影响产业活动，政策作用在先进制造业行业的追赶中尤为重要，但在韩国、日本等经济体的后发赶超中政府作用被大大忽视。在中国高铁的追赶历程中，政府的坚定决心和制度化能力在构建和维护先进制造业创新生态系统中起着关键作用，如果没有强大的政府制度作为后盾，中国高铁的众多关键决策无法精准的做出。

具体来看，中央政府从 2000 年开始大力推动原铁道部的体制改革，进一步加快了铁路系统的对外开放，为构建开放创新生态系统奠定了基础。与此同时，中央政府是 2004 年高铁技术引进的最终决策者，这种富有战略性眼光的技术引进加速了中国高铁产业的技术追赶。此外，中央政府制定并实施了一系列铁路线路的远景规划，从 2008 年实施了一项大规模投资计划，加快了高铁线路、桥梁和车站等互补性资产的开发。

2. 系统集成商的自主创新动力

系统集成商作为先进制造产业创新生态系统中的关键利益相关者，需要协调大量上下游供应商和外部利益相关者，系统集成者的技术能力是复杂产品系统追赶绩效的决定性因素。Jin 等（2011）研究认为对于新兴经济体中的后发者而言，提高技术能力和市场竞争力的唯一途径是坚持自主创新。这一观点对新兴经济的先进制造业追赶具有指导意义。

具体而言，一方面中国中车作为高铁创新生态系统的主要系统集成商，从 2017 年到 2019 年，每年的研发投入超过 100 亿元人民币。另一方面，尽管产业早期机车车辆制造商的大部分自主研发是不成功的，但通过这些失败的自主研究经验积累了技术能力和人才，提高了吸收能力，为先进技术引进后的消化吸收奠定了基础。

3. 大学的基础研究动力

大学总是能率先接触到新知识和新观点，擅长先进制造领域复杂产品的基础研究和应用基础研究，Lee 等（2010）和 Majidpour（2016）的研究表明，产学研联盟在东亚各个经济体非常流行，但事实上，这种产学研合作表现出更强的动态性，在不同追赶阶段具有不同表现。对于绝大多数新兴经济体而言，大学的基础研究能力相对较弱，但可以通过深入企业进行干中学进一步提高。

具体而言，在中国高铁追赶的进入阶段，大学的研究人员最早提出了关于高铁的新思路，并且西南交通大学于 1995 年就建成了铁路车辆滚动振动试验台。在跟随阶段，大学深入高铁企业的各个部门，帮助企业解决了大量的技术难题，包括轮轨相互作用、受电弓—接触网关系、流体结构相互作用、工程材料和结构等一系列基础科学问题。

4. 互补件供应商的支撑力

互补件供应商在先进制造业创新生态系统中发挥着重要的支持作用。由于系统集成商、供应商和互补者之间的相互依赖，这些主体的技术能力必须得到同步提高。否则，先进制造业创新生态系统是有缺陷的。

具体而言，第一，高铁集成了各种技术系统，如无砟轨道、牵引供电系统和桥梁工程系统等，从中国高铁行业的实践来看，供应商与机车车辆制造商共同取得了显著成就。例如各类互补件供应商通过多个铁路建设项目积累了技能和经验。第二，在技术引进阶段，国内供应商和制造商通过学习和试错实现了零部件的本地化，并且在大量本地化工程实践中创造了许多原创的新技术。第三，本土供应商通过自主创新在各自领域形成了大量中国标准，并推广成为国际标准。中国高铁创新生态系统中供应商发展的过程验证了一个共识，即成功的追赶意味着后发者和领先者之间创新生态系统差距的缩小。

5. 各种驱动力的混合效应

动态和多样的力量推动了新兴经济体先进制造业创新生态系统的演变，缩小了其与领先者之间的差距。事实上，没有一种力量是单独发挥作用的，不同的力量在每个阶段对先进制造业的追赶都有着不同的影响。图8.7展示了各种驱动力的强度和关系。

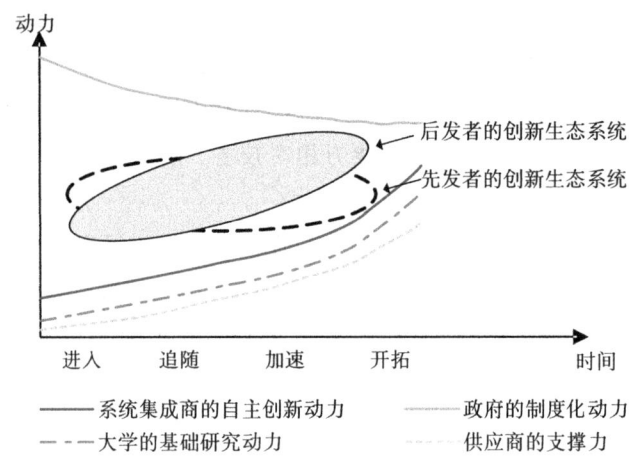

图 8.7　各种驱动力的强度和关系示意图

可以看出，第一，政府是促进先进制造业创新赶超的直接驱动力，而制度化力量对进入阶段创新生态系统的培育起到最重要的作用。随着整个创新生态系统的成熟，这种效应逐步降低，但总体来看，来自政府的制度化力量始终是驱动新兴经济体先进制造领域追赶的主导力量。这与大规模制成品行业中追赶驱动力有所不同。第二，系统集成商的自主创新力量是先进制造业创新生态系统的关键驱动力，然而进入阶段新兴经济体的自主创新能力相对较弱，但并非完全没有。否则，系统集成商将无法在获得先进技术知识后完成知识的消化吸收。第三，大学的基础研究动力和互补件供应商的支撑力随着时间的推移逐步增加，但这种增长趋势不会自发形成，而是在不断的学习和工程实践中得到提升。

8.4.5　创新追赶过程模型

先进制造业创新追赶过程伴随着创新生态系统的演变，按照追赶起点、追赶活动和追赶绩效的逻辑总结了创造追赶的过程模型,如图 8.8 所示。

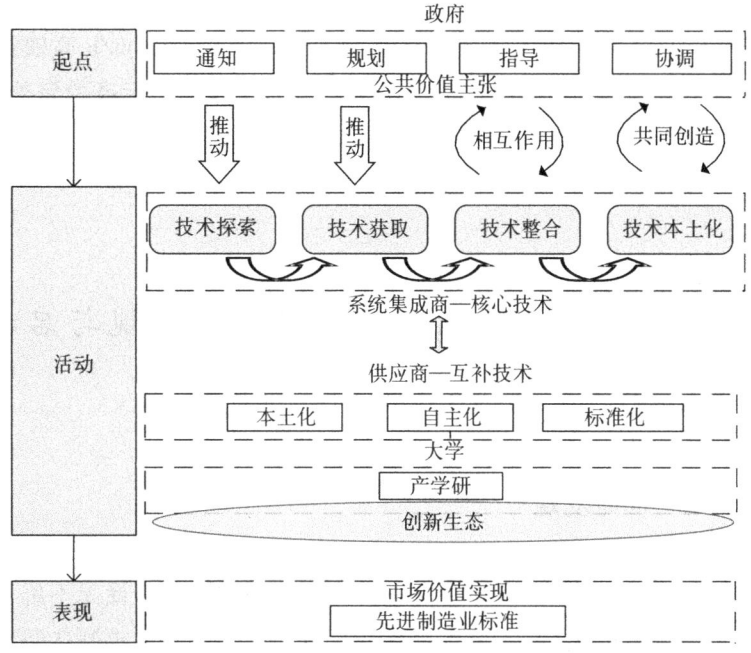

图 8.8　创新追赶过程模型

第一,先进制造领域复杂产品的创新追赶起点是政府的公共价值主张,这是政府为满足公众的集体利益而提出的独特价值主张。一方面,作为新兴经济体产业体系的重要组成部分,先进制造业水平关乎国家发展安全等重大问题,吸引了政府的持续关注。这与大规模制成品行业以市场需求为价值起点的追赶形成了鲜明对比。另一方面,政府的角色和公共价值主张的内容随着追赶过程而发生显著变化。

第二,先进制造领域复杂产品系统的追赶活动是各参与者建立和维护创新生态系统的过程。一方面,公共价值主张与市场价值实现之间的关系从被动反应逐步转变为主动创造,另一方面,系统集成商在大学、供应商的支持下逐步构建了稳固的生态系统,并实现了市场价值。

第三,先进制造领域的追赶绩效是代表性产品的竞争力,而不是 Lee 和 Malerba (2017) 在大规模制成品行业研究中使用的市场份额。这是因为在市场高度垄断的复杂产品行业,市场份额并不能真正反映竞争的情况。对于后发者而言,先进制造领域复杂产品的市场占有率很难在短期内得到提高,可是如果拥有高竞争力的产品,则意味着更加显著的追赶绩效。对中国高铁行业而言,已经将产品出口到很多国家,并且实现了中国标准的输出,例如2018年6月开工的雅加达—万隆350km/h高铁线路是第一条采用中国标准动车组、中国高铁建设标准和运营标准的海外高铁,实现了中国高铁全产业链走出国门,这是对中国高铁后发赶超绩效的最好诠释。

8.5 中国高铁产业创新追赶研究发现与启示

8.5.1 研究发现

近几十年来,新兴经济体在先进制造领域的成功追赶屡见不鲜,使用中国高铁的纵向案例,从创新生态系统视角扩展了关于先进制造领域创新追赶的研究。结果表明,先进制造领域复杂产品创新生态系统的演化伴随着先进制造业追赶过程,并且这个过程受到了不同动力的影响,包括政府的制度化动力、系统集成商的自主创新动力、大学的基础研究动力和互补件供应商的支撑力。针对中国高铁产业创新追赶的研究得出以下重要启示。

首先,这项研究揭示了新兴经济体先进制造领域创新追赶的过程。结合了创新生态系统理论、复杂产品系统和技术追赶相关文献的见解,将先进制造领域成功的追赶定义为后发者和领先者之间创新生态系统性能差距缩小的过程,进一步理清了先进制造领域复杂产品创新生态系统结构。在已有研究中,追赶被定义为缩小领先者和后发者之间全球市场份额差距的过程。然而,先进制造领域复杂产品行业受到制度化力量的驱动,很难使用全球市场份额反映真实的行业追赶绩效。因此,本研究对追赶的见解补充了现有研究成果,同时中国高铁的追赶也证明了建立和维持创新生态系统是新兴经济体中先进制造业追赶的关键。

其次，现有研究侧重探究成功追赶的单一驱动因素，如政府支持、技术能力建设和战略等，但不同因素的综合作用效应很少受到关注。本研究从中国高铁产业的追赶实践中发现了四种驱动力，并进一步研究了不同动力之间的混合效应，进一步扩展了追赶因素的研究成果。与之前的研究类似，本研究也发现了政府在新兴经济体先进制造业创新生态系统培育中起着关键性作用，并且政府的制度化力量在追赶过程中持续减小，而其他三种驱动力随着时间的推移不断增加，这一发现为创新追赶动力研究提供了更加全面的因素分析框架。

最后，已有研究侧重于通过学习过程、技术能力建设过程和综合观点描述追赶过程，本研究基于追赶过程逻辑，从追赶起点、追赶活动和追赶绩效三方面探讨了追赶过程中先进制造业创新生态系统的演变。与已有研究相比，本研究证明了通过构建和发展创新生态系统，新兴经济体的先进制造业能够实现"换道超车"。

8.5.2 研究启示

先进制造业创新追赶是一项系统性工程，需要利益相关者的共同参与和通力协作。

对于后发地区或国家的政府而言，首先后发者在先进制造业追赶中总是面临领先者的诸多限制，此时政府更应该有坚定的信心和决心，努力构建可持续的创新生态系统。如果新兴经济体有机会通过技术转移获得先进技术，政府应注重引导先进制造企业培育自主创新能力。其次，新兴经济体的各级政府应提高制度化能力，包括规划能力、实施能力、协调能力等。最后，先进制造业关系国家经济命脉和公共福祉，政府要处理好社会公共价值与市场经济价值的关系。

对于系统集成商和供应商而言，构建以国有企业为主体，民营企业积极参与的价值分配体系至关重要。首先，国有企业应致力于提高自主创新能力与技术集成能力，特别是复杂产品的正向设计能力，并构建学习型组织。其次，新兴经济体的国有企业应该建立并不断完善现代企业制度，对标国际行业巨头，开展高水平国际竞争，制造业民营企业要走"专精特新"之路，提高全球市场占有率。最后，国有企业应紧密保持产学研合作，自觉发挥攻克"卡脖子"技术领军者的使命担当。

对于高校和科研院所而言，要为先进制造业培养更多的高质量人才，打造适合人才成长的科研环境，主动对接行业重大需求，集中优势科研力量，与企业共同攻克先进制造"卡脖子"领域。

当然，中国高铁只是新兴经济体成功赶超的一个典型案例，事实上，可能有各种意想不到的因素影响了中国高铁的追赶进程。本研究着眼于创新生态系统视角，试图将中国高铁创新生态系统建设过程与追赶过程分离，尽管研究发现可能仅限于一个单一的先进制造行业，但对新兴经济体中的其他先进制造行业创新追赶仍然具有启发意义。

参考文献

[1] 王厚双. 公关在日本处理日美贸易摩擦中的作用 [J]. 国际贸易问题, 2003 (01): 5-9.

[2] 胡方, 彭诚. 技术进步引起国际贸易摩擦的一个模型 [J]. 国际贸易问题, 2009 (09): 61-67.

[3] 林波. 基于全球治理的贸易摩擦内涵与特性分析 [J]. 当代经济管理, 2017, 39 (01): 52-57.

[4] Gilpin R. The maturing of multinational enterprise: American business abroad from 1914 to 1970 [J]. Journal of Economic History, 1975, 35 (04): 906-908.

[5] Noah F, Trump's 180-degree turn on China policy [N]. Bloomberg, 2016 (12): 27.

[6] Wang P. An analysis of the causes of the Sino-US trade war [C]. International Conference on Financial Innovation and Economic Development, 2019: 329-332.

[7] 冯帆, 何萍, 韩剑. 自由贸易协定如何缓解贸易摩擦中的规则之争 [J]. 中国工业经济, 2018 (10): 118-136.

[8] 张二震, 戴翔. 关于中美贸易摩擦的理论思考 [J]. 华南师范大学学报 (社会科学版), 2019 (02): 62-70+192.

[9] Kapustina L. US-China trade war: causes and outcomes [C]. SHS Web of Conferences, 2020, 73 (01): 1012.

[10] 钟飞腾. 超越霸权之争: 中美贸易战的政治经济学逻辑 [J]. 外交评论 (外交学院学报), 2018, 35 (06): 1-30.

[11] 冯耀祥. 中美贸易摩擦的特点、成因和应对策略 [J]. 世界贸

易组织动态与研究, 2008 (10): 11 - 18 + 10.

[12] 杨培强, 张兴泉. 贸易保护政策对异质性企业影响的实证检验——兼论中美产业内贸易摩擦传导机制 [J]. 国际贸易问题, 2014 (01): 120 - 130.

[13] 熊珍琴, 范雅萌. 增加值贸易视角下中美贸易利益再分解 [J]. 亚太经济, 2017 (02): 65 - 70 + 175.

[14] Lee Y. Economic interdependence and peace: a case comparison between the US - China and US - Japan trade disputes [J]. East Asia, 2018, 35 (03): 215 - 232.

[15] 黄鹏, 汪建新, 孟雪. 经济全球化再平衡与中美贸易摩擦 [J]. 中国工业经济, 2018 (10): 156 - 174.

[16] 朱珠. 中美贸易冲突的原因、影响及启示 [J]. 新金融, 2019 (02): 23 - 29.

[17] 蔡宏波. 国际贸易摩擦的制度成因 [J]. 北京工商大学学报 (社会科学版), 2019, 34 (02): 35 - 41.

[18] Raymond F, Zammuto, et al. Gaining advanced manufacturing technologies' benefits: the roles of organization design and culture [J]. The Academy of Management Review, 1992, 17 (04): 701 - 728.

[19] Bourke J, Roper S. AMT adoption and innovation: an investigation of dynamic and complementary effects [J]. Technovation, 2016, 55: 42 - 55.

[20] Obi C N, Leggett C, Harris H. National culture, employee empowerment and advanced manufacturing technology utilisation: a study of Nigeria and New Zealand [J]. Journal of Management & Organization, 2020, 26 (04): 460 - 482.

[21] 吴晓波, 齐羽, 高钰等. 中国先进制造业发展战略研究 [M]. 北京: 机械工业出版社, 2013: 31 - 41.

[22] 黄群慧, 贺俊. "第三次工业革命"与中国经济发展战略调整——技术经济范式转变的视角 [J]. 中国工业经济, 2013 (01): 5 - 18.

[23] 杨朝均, 刘冰, 毕克新. FDI 技术溢出对工业企业绿色创新路径演化的影响研究——基于演化博弈模型 [J]. 管理评论, 2020, 32 (12):

146-155.

[24] 叶堂林,李治锦,何悦珊等.制造业转移的路径、影响因素与促进效应——以长江经济带制造业转移为例[J].中国软科学,2021(04):60-70.

[25] 张辉,王庭锡,孙咏.数字基础设施与制造业企业技术创新——基于企业生命周期的视角[J].上海经济研究,2022(08):79-93.

[26] 余东华,燕玉婷.环境规制、技术创新与制造业绿色全要素生产率[J].城市与环境研究,2022(02):58-79.

[27] 金环,于立宏,徐远彬.绿色产业政策与制造业绿色技术创新[J].中国人口资源与环境,2022,32(06):136-146.

[28] 孙笑明,陈毅刚,王雅兰.国家主导技术创新组织模式研究——技术创新选择视角[J].科技进步与对策,2021,38(05):19-28.

[29] 王晓红,胡士磊.校企合作提升了制造业企业的技术创新绩效吗?——基于倾向得分匹配方法的实证研究[J].技术经济,2022,41(04):30-43.

[30] 綦良群,王金石,崔月莹等.中国装备制造业服务化水平测度—基于价值流动视角[J].科技进步与对策,2021,38(14):72-81.

[31] 梁经伟,钟世川,毛艳华.制造业投入服务化的国内外联动关系研究——基于世界投入产出表的计算[J].经济问题探索,2021(01):181-190.

[32] 杨蕙馨,孙孟子,杨振一.中国制造业服务化转型升级路径研究与展望[J].经济与管理评论,2020,36(01):58-68.

[33] 李煜华,廖承军,向子威.数字经济背景下制造业服务化转型组态路径研究[J].中国科技论坛,2022(08):68-76.

[34] 陈春明,贾晨冉.制造业服务化程度与企业绩效的关系研究[J].社会科学战线,2021(10):252-257.

[35] 徐洁,李琳,田彩红.制造业嵌入式服务化促进了企业创新吗——创新数量与质量视角[J].科技进步与对策,2022,39(16):95-105.

[36] Lee K, Lim C. Technological Regimes, Catching-up and leapfrogging: findings from the Korean industries [J]. Research Policy, 2001, 30

(03): 459-483.

[37] Lee K, Malerba F. Catch-up cycles and changes in industrial leadership: windows of opportunity and responses of firms and countries in the evolution of sectoral systems [J]. Research Policy, 2017, 46 (02): 338-351.

[38] Hobday M. Product complexity, innovation and industrial organization [J]. Research Policy, 1998, (26): 689-710.

[39] Wang J H, Tsaisupa C J. National model of technological catching up and innovation: comparing patents of Taiwan and South Korea [J]. Journal of Development Studies, 2010, 46 (08): 1404-1423.

[40] 张治河, 李霜. 技术赶超战略研究述评 [J]. 工业技术经济, 2013, 32 (08): 155-160.

[41] 邢文凤. 比较企业优势观视角下后发企业追赶路径研究——以新能源汽车发展引发的范式转换为背景 [J]. 科学学研究, 2017, 35 (01): 101-109.

[42] 李新剑. 后技术赶超时期创新赶超模式研究——创新网络构建视角 [J]. 科技进步与对策, 2019, 36 (21): 26-34.

[43] 徐建新, 张海迪, 许强. 机会窗口、复合式战略与后发企业追赶——基于大华股份的纵向案例研究 [J]. 科技进步与对策, 2020, 37 (23): 81-90.

[44] 吴先明, 高厚宾, 邵福泽. 当后发企业接近技术创新的前沿: 国际化的"跳板作用" [J]. 管理评论, 2018, 30 (06): 40-54.

[45] 吴晓波, 付亚男, 吴东等. 后发企业如何从追赶到超越?——基于机会窗口视角的双案例纵向对比分析 [J]. 管理世界, 2019, 35 (02): 151-167+200.

[46] 张郑熠, 陈赞, 金珺. 全球价值链下的技术追赶研究: 基于系统综述分析 [J]. 华东经济管理, 2019, 33 (04): 166-173.

[47] 柳卸林, 刘雨田. 开发和探索二元性与我国光伏企业追赶的关系研究 [J]. 科学学与科学技术管理, 2019, 40 (08): 33-56.

[48] 耿红军, 王昶. 后发国家技术创新能力国际研究的系统回顾 [J]. 科学学与科学技术管理, 2020, 41 (05): 159-178.

[49] 董直庆, 胡晟明, 王林辉. 技能耦合、蛙跳式技术与后发国家

技术追赶：模型推演与数值模拟［J］．南京社会科学，2020（03）：37-47．

［50］Bi K, Ping H, Hui Y. Risk identification, evaluation and response of low-carbon technological innovation under the global value chain: a case of the Chinese manufacturing industry［J］. Technological Forecasting and Social Change, 2015, 100（11）: 238-248.

［51］杨飞，孙文远，程瑶．技术赶超是否引发中美贸易摩擦［J］．中国工业经济，2018（10）：99-117．

［52］郑江淮，郑玉．新兴经济大国中间产品创新驱动全球价值链攀升——基于中国经验的解释［J］．中国工业经济，2020（05）：61-79．

［53］吴晓波，张馨月，沈华杰．商业模式创新视角下我国半导体产业"突围"之路［J］．管理世界，2021，37（03）：123-136+9．

［54］高伟，柳卸林．嵌入全球产业链对中国新兴产业突破性创新的影响研究［J］．科学学与科学技术管理，2013，34（11）：31-42．

［55］高照军，张宏如．企业成长与创新视角下的产业链升级研究［J］．科研管理，2019，40（05）：24-34．

［56］郭艳婷，郑刚，钱仲文．开放式创新视角下企业基于跨边界协同的新型追赶路径与模式初探［J］．科研管理，2019，40（10）：169-183．

［57］柳卸林，葛爽．中国复杂产品系统的追赶路径研究——基于创新生态系统的视角［J/OL］．科学学研究：1-20［2022-09-06］．

［58］马天月，王倩，柳卸林．基于互补技术的追赶与跨越战略——以智能驾驶汽车为例［J/OL］．科学学与科学技术管理：1 25［2022 09-06］．

［59］黄鲁成，刘春文，吴菲菲．基于NPCIA的核心技术识别模型及应用研究［J］．科学学研究，2020，38（11）：1998-2007．

［60］李显君，熊昱，冯堃．中国高铁产业核心技术突破路径与机制［J］．科研管理，2020，41（10）：1-10．

［61］欧阳桃花，曾德麟．拨云见日——揭示中国盾构机技术赶超的艰辛与辉煌［J］．管理世界，2021，37（08）：194-207．

［62］彭新敏，吴晓波，吴东．核心技术、互补资产与后发企业的超越追赶［J］．科研管理，2022，43（07）：135-143．

[63] 张铁男,赵健宇,袭希. 组织知识创造的能级跃迁模型研究[J]. 管理工程学报,2013,27(04):41-52.

[64] 李柏洲,赵健宇,苏屹. 基于能级跃迁的组织学习——知识创造过程动态模型研究[J]. 科学学研究,2013,31(06):913-922.

[65] 史丽萍,唐书林. 基于玻尔原子模型的知识创新新解[J]. 科学学研究,2011,29(12):1797-1806+1853.

[66] Kwon U, Geum Y. Identification of promising inventions considering the quality of knowledge accumulation: a machine learning approach[J]. Scientometrics, 2020, 125(03): 1877-1897.

[67] 郑素丽,吴盛豪,郭京京. 自动驾驶汽车技术轨道演进研究——基于社群识别和主路径分析的整合框架[J]. 科研管理,2022,43(02):126-136.

[68] 武建龙,黄静,王宏起. 战略性新兴产业创新机理与管理机制研究——基于多维视角[M]. 科学出版社,2018.

[69] 巩永强,王超,许海云等. 创新链视角下的核心专利识别方法研究[J]. 情报理论与实践,2022,45(05):113-122+164.

[70] 杨仲基,王宏起,王珊珊,李玥. 基于动态网络方法的产业专利合作态势研究——以中国石墨烯产业为例[J]. 科技进步与对策,2018,39(05):59-65.

[71] 杨仲基,王宏起,李玥. 基于社会网络方法的产学研合作专利技术发展趋势研究[J]. 情报科学,2017(07):132-137.

[72] 杨武,王爽. 特征分析视角下核心技术动态趋势识别——以光刻技术为例[J]. 情报杂志,2021,40(12):36-44.

[73] 吴非,胡慧芷,林慧妍,任晓怡. 企业数字化转型与资本市场表现——来自股票流动性的经验证据[J]. 管理世界,2021,37(07):130-144+10.

[74] 朱方伟,于淼. 基于技术知识系统的企业技术能力演化研究[J]. 科研管理,2015,36(01):63-71.

[75] Laursen K. Revealed comparative advantage and the alternatives as measures of international specialization[J]. European Business Review, 2015, 5(01): 99-115.

[76] 何建洪, 李林, 朱浩. 我国先进制造技术追赶中子领域与周期选择 [J/OL]. 科学学研究: 1-23 [2022-09-06].

[77] 王卓, 王宏起, 李玥. 能力—治理视角下网络结构对技术能力的影响 [J]. 中国科技论坛, 2020 (01): 88-95+106.

[78] Moore J F. Predators and prey: a new ecology of competition [J]. Harvard Business Review, 1993, 71 (03): 75-86.

[79] Adner R. Match your innovation strategy to your innovation ecosystem [J]. Harvard Business Review, 2006, 84 (04): 98-107.

[80] Adner R, Kapoor R. Value creation in innovation ecosystems: how the structure of technological interdependence affects firm performance in new technology generations [J]. Strategic Management Journal, 2010, 31 (03): 306-333.

[81] Adner R. Ecosystem as Structure: an actionable construct for strategy [J]. Journal of Management, 2017, 43 (01): 39-58.

[82] Hienerth C, Lettl C, Keinz P. Synergies among producer firms, lead users, and user communities: the case of the LEGO producer – user ecosystem [J]. Journal of Product Innovation Management, 2014, 31 (04): 848-866.

[83] Annabelle G, Michael A C. Industry platforms and ecosystem innovation [J]. Journal of Product Innovation Management, 2014, 31 (03): 417-433.

[84] Walrave B, Talmar M, Romme A, et al. A multi-level perspective on innovation ecosystems for path-breaking innovation [J]. Technological Forecasting and Social Change, 2018, 136, 103-113.

[85] Bongsug C. A General framework for studying the evolution of the digital innovation ecosystem: the case of big data [J]. International Journal of Information Management, 2019, 45, 83-94.

[86] Fransman M. The new ICT ecosystem: implications for policy and regulation [M]. UK: Cambridge University Press, 2010.

[87] Shaw D R, Allen T. Studying innovation ecosystems using ecology theory [J]. Technological Forecasting and Social Change, 2018, 136, 88-102.

[88] Jacobides M G, Cennamo C, Gawer A. Towards a theory of ecosys-

tems [J]. Strategic Management Journal, 2018, 39 (08): 2255 - 2276.

[89] Xu G N, Wu Y, Minshall T, et al. Exploring innovation ecosystems across science, technology, and business: a case of 3D printing in China [J]. Technological Forecasting and Social Change, 2018, 136: 208 - 221.

[90] Nambisan S, Baron R A. Entrepreneurship in innovation ecosystems: entrepreneurs' self - regulatory processes and their implications for new venture success [J]. Entrepreneurship Theory and Practice, 2013, 37 (5): 1071 - 1097.

[91] 王娜, 王毅. 产业创新生态系统组成要素及内部一致模型研究 [J]. 中国科技论坛, 2013 (5): 24 - 30.

[92] Granstrand O, Holgersson M. Innovation ecosystems: a conceptual review and a new definition [J]. Technovation, 2020, 90 - 91: 102098.

[93] Michael K, Dominik D. Digital innovation in the energy industry: the impact of controversies on the evolution of innovation ecosystems [J]. Technological Forecasting and Social Change, 2018, 136: 254 - 264.

[94] Dedehayir O, Mäkinen, Saku J, et al. Roles during innovation ecosystem genesis: a literature review [J]. Technological Forecasting and Social Change, 2016, 136: 18 - 29.

[95] Yin P L, Davis J P, Muzyrya Y. Entrepreneurial innovation: killer apps in the iPhone ecosystem [J]. American Economic Review, 2014, 104 (05): 255 - 259.

[96] 胡京波, 欧阳桃花, 谭振亚等. 以SF民机转包生产商为核心企业的复杂产品创新生态系统演化研究 [J]. 管理学报, 2014 (08): 1116 - 1125.

[97] Ozgur D, J. Roland O, Marko S. Disruptive change and the reconfiguration of innovation ecosystems [J], Journal of Technology Management & Innovation, 2017, 12 (03): 9 - 21.

[98] Wu J L, Yang Z J, Hu X B, et al. Exploring driving forces of sustainable development of china's new energy vehicle industry: an analysis from the perspective of an innovation ecosystem [J], Sustainability, 2018, 10 (12): 1 - 24.

[99] 陈瑜,谢富纪.基于 Lotka – Voterra 模型的光伏产业生态创新系统演化路径的仿生学研究[J].研究与发展管理,2012,24(03):74-84.

[100] Chen Y, Rong K, Xue L. Evolution of collaborative innovation network in China's wind turbine manufacturing industry [J]. International Journal of Technology Management, 2014, 65 (1-4): 262-299.

[101] Luo J X. Architecture and evolvability of innovation ecosystems [J]. Technological Forecasting and Social Change, 2017, 136: 132-144.

[102] Ahmad B, Ainurul R, Marina C. Exaptation in a digital innovation ecosystem: the disruptive impacts of 3D printing [J]. Research Policy, 2020, 49 (01): 103833.

[103] 曾德明,邹思明,张运生.高科技企业创新生态系统定价模式研究[J].中国科技论坛,2013(05):30-35.

[104] Sohvi H, Siegel D S, David J, et al. Universities and innovation ecosystems: a dynamic capabilities perspective [J]. Industrial and Corporate Change, 2019, 28 (04): 921-939.

[105] 王宏起,杨仲基,武建龙等.战略性新兴产业核心能力形成机理研究——以中国新能源汽车产业为例[J].科研管理,2018,39(02):143-151.

[106] 吴绍波,顾新.战略性新兴产业创新生态系统协同创新的治理模式选择研究[J].研究与发展管理,2014,26(01):13-21.

[107] Paavo R, Vassilis A, Otto G, et al. Value creation and capture mechanisms in innovation ecosystems: a comparative case study [J]. International Journal of Technology Management, 2013, 63 (3-4): 244-267.

[108] 杨仲基,王宏起,李玥.区域综合科技服务平台生态系统构建及应用研究.科学管理研究,2019,37(06):84-87.

[109] 曾国屏,苟尤钊,刘磊.从"创新系统"到"创新生态系统"[J].科学学研究,2013,31(01):4-12.

[110] 柳卸林,孙海鹰,马雪梅.基于创新生态观的科技管理模式[J].科学学与科学技术管理,2015,36(01):18-27.

[111] 王卓,王宏起,李玥.产业联盟创新生态系统领域主题演化轨

迹研究 [J]. 科学学研究, 2020, 38 (04): 723-733.

[112] 杜运周, 李佳馨, 刘秋辰等. 复杂动态视角下的组态理论与QCA方法: 研究进展与未来方向 [J]. 管理世界, 2021, 37 (03): 180-197+12-13.

[113] 刘诗瑶, 杨仲基. 基于速度特征的先进制造业追赶态势评价研究 [J]. 科技与管理, 2022, 24 (01): 1-9.

[114] Yang Z J, Qi L Q, Li X, et al. How does successful catch-up occur in complex products and systems from the innovation ecosystem perspective? a case of China's high-speed railway [J]. Sustainability, 2022, 14 (13): 7930.

[115] Park T, Ji I. Evidence of latecomers' catch-up in cops industries: a systematic review [J]. Technology analysis and strategic management. 2020, 32 (08): 968-983.

[116] Mei L, Zhang N N. Catch up of complex products and systems: lessons from China's high-speed rail sectoral system [J]. Industrial and corporate change, 2021, 30: 1-23.

[117] Miller R, Hobday M, Leroux-demers T, Olleros X. Innovation in complex systems industries: the case of flight simulation [J]. Industrial and corporate change. 1995, 4: 363-400.

[118] Majidpour M. Technological catch-up in complex product systems [J]. Journal of engineering and technology management, 2016, 41: 92-105.

[119] Lee K, Kang R. University-industry linkages and economic catch-up in Asia [J]. Millennial Asia, 2010, 1 (02): 151-169.

[120] Jin Y, Zhang S, Bigus J. "Anti-extortion" mechanism of indigenous innovation by technologically backward firms: evidence from China [J]. Technology analysis and strategic management, 2021, 33 (05): 568-585.

[121] Malerba F, Nelson R. Learning and catching up in different sectoral systems: evidence from six industries [J]. Industrial and corporate change, 2011, 20: 1645-1675.

[122] Zhang H Y, Shi Y J, Liu J X, et al. How do technology strategies affect the catch-up progress of high-tech latecomers? evidence from two Chi-

nese research – institute – transformed telecommunications firms [J]. Journal of Business Research, 2021, 122: 805 – 821.

[123] Kwak K, Yoon H. Unpacking transnational industry legitimacy dynamics, windows of opportunity and latecomers' catch – up in complex product systems [J]. Research Policy, 2020, 49: 103833.

[124] 黄阳华, 吕铁. 深化体制改革中的产业创新体系演进——以中国高铁技术赶超为例 [J]. 中国社会科学, 2020, 293 (05): 65 – 85 + 205 – 206.

[125] Rosiello A, Maleki A. A dynamic multi – sector analysis of technological catch – up: the impact of technology cycle times, knowledge base complexity and variety [J]. Research Policy, 2021, 50: 104194.

[126] 路风, 何鹏宇. 举国体制与重大突破——以特殊机构执行和完成重大任务的历史经验及启示 [J]. 管理世界, 2021, 37 (07): 1 – 18 + 1.

[127] 路风. 冲破迷雾——揭开中国高铁技术进步之源 [J]. 管理世界, 2019, 35 (09): 164 – 194 + 200.

附　　录

附表1　　主要地区支持高端装备制造发展的政策文件

地区	省市	政策名称	发文时间	发文机构	发文字号
东北地区	辽宁	《辽宁省建设具有国际竞争力的先进装备制造业基地工程实施方案》	2019-01-10	辽宁省人民政府办公厅	辽政办发[2019]1号
		《关于加快推进农业机械化和农机装备产业转型升级的实施意见》	2019-12-31	辽宁省人民政府	辽政发[2019]29号
	吉林	《关于深化制造业与互联网融合发展的实施意见》	2016-10-49	吉林省人民政府办公厅	吉政办发[2016]71号
	黑龙江	《黑龙江省制造业转型升级"十三五"规划》	2017-09-21	黑龙江省人民政府	黑政发[2017]11号
		《关于深化制造业与互联网融合发展的实施意见》	2017-12-13	黑龙江省人民政府办公厅	黑政办规[2017]72号
东部地区	北京	《关于支持发展高端仪器装备和传感器产业的若干政策措施》	2021-10-18	北京市人民政府	京政发[2021]31号
		《〈中国制造2025〉北京行动纲要》	2015-12-05	北京市人民政府	京政发[2015]60号
	天津	《天津市制造业高质量发展"十四五"规划》	2021-06-26	天津市人民政府办公厅	津政办发[2021]23号
		《天津市关于进一步支持发展智能制造政策措施》	2020-08-06	天津市人民政府办公厅	津政办规[2020]16号
	河北	《河北省制造业高质量发展"十四五"规划》	2022-01-15	河北省人民政府办公厅	冀政办字[2022]7号

续表

地区	省市	政策名称	发文时间	发文机构	发文字号
东部地区	山东	《山东省装备制造业转型升级实施方案》	2018-10-26	山东省人民政府办公厅	鲁政字[2018]244号
		《山东省高端装备制造业发展规划（2018—2025年）》	2018-12-29	山东省人民政府办公厅	鲁政办字[2018]254号
	浙江	《关于高质量发展建设全球先进制造业基地的指导意见》	2022-08-30	浙江省人民政府	浙政发[2022]23号
		《浙江省全球先进制造业基地建设"十四五"规划》	2021-07-02	浙江省人民政府	浙政发[2021]20号
	上海	《上海市先进制造业发展"十四五"规划》	2021-07-05	上海市人民政府办公厅	沪府办发[2021]12号
		《关于本市加快制造业与互联网融合创新发展实施意见》	2017-01-09	上海市人民政府	沪府发[2017]3号
	江苏	《江苏省"十四五"制造业高质量发展规划》	2021-08-16	江苏省人民政府办公厅	苏政办发[2021]51号
		《关于加快培育先进制造业集群的指导意见》	2018-06-25	江苏省人民政府	苏政发[2018]86号
		《关于加快发展先进制造业振兴实体经济若干政策措施的意见》	2017-03-20	江苏省人民政府	苏政发[2017]25号
	广东	《关于支持东莞新时代加快高质量发展打造科创制造强市的意见》	2022-08-29	广东省人民政府	—
		《广东省制造业高质量发展"十四五"规划》	2021-07-30	广东省人民政府	粤府[2021]53号
		《广东省制造业数字化转型实施方案及若干政策措施》	2021-06-30	广东省人民政府	粤府[2021]45号
		《广东省培育高端装备制造战略性新兴产业集群行动计划（2021—2025年）》	2020-09-25	广东省工业和信息化厅、省发展改革委、省科学技术厅等	粤工信装备[2020]113号
	福建	《福建省"十四五"制造业高质量发展专项规划》	2021-06-29	福建省人民政府	闽政[2021]12号

续表

地区	省市	政策名称	发文时间	发文机构	发文字号
中部地区	江西	《江西省"十四五"智能制造发展规划》	2021-11-11	江西省工业和信息化厅	赣工信装字[2021]244号
中部地区	河南	《河南省推动制造业高质量发展实施方案》	2020-08-17	河南省人民政府办公厅	豫办[2020]17号
中部地区	河南	《河南省装备制造业转型升级行动计划（2017—2020年）》	2017-09-29	河南省人民政府办公厅	豫政办[2017]114号
中部地区	湖北	《湖北省制造业高质量发展"十四五"规划》	2021-10-29	湖北省人民政府	鄂政发[2021]29号
中部地区	湖南	《湖南省制造业创新能力提升三年行动计划（2021—2023）》	2020-12-31	湖南省工业和信息化厅	湘工信科技[2020]510号
西部地区	重庆	《以实现碳达峰碳中和目标为引领深入推进制造业高质量绿色发展行动计划（2022—2025年）》	2022-07-09	重庆市人民政府	渝府发[2022]34号
西部地区	重庆	《重庆市制造业高质量发展"十四五"规划（2021—2025年）》	2021-07-19	重庆市人民政府	渝府发[2021]18号
西部地区	四川	中共四川省委 四川省人民政府 关于推动制造业高质量发展的意见	2020-07-20	四川省人民政府	—
西部地区	云南	《云南省"十四五"制造业高质量发展规划》	2022-04-20	云南省人民政府办公厅	云政发[2022]24号
西部地区	陕西	《"十四五"制造业高质量发展规划》	2021-11-21	陕西省人民政府办公厅	陕政办发[2021]33号
西部地区	甘肃	《甘肃省"十四五"制造业发展规划》	2021-12-31	甘肃省人民政府办公厅	甘政办发[2021]120号
西部地区	甘肃	《甘肃省"十四五"工业互联网发展规划》	2021-12-31	甘肃省人民政府办公厅	甘政办发[2021]120号
西部地区	宁夏	《宁夏回族自治区制造业高质量发展"十四五"规划》	2021-10-14	宁夏回族自治区人民政府办公厅	宁政办发[2021]75号

附表2　主要区域支持生物医药产业发展的政策文件

地区	省市	政策名称	发文时间	发文机构	发文字号
东北地区	辽宁	《关于大力促进中医药传承创新发展建设中医药强省的实施意见》	2021-10-04	辽宁省人民政府办公厅	—
	吉林	《吉林省中医药发展"十四五"规划》	2022-05-26	吉林省人民政府办公厅	吉政办发〔2022〕7号
		《吉林省"十四五"医药健康产业发展规划》	2021-08-27	吉林省人民政府办公厅	吉政办发〔2021〕37号
	黑龙江	《黑龙江省"十四五"中医药发展规划》	2021-12-31	黑龙江省人民政府办公厅	黑政办规〔2021〕42号
		《推进全省医药产业发展行动计划（2018—2020年）》	2018-04-16	黑龙江省人民政府办公厅	黑政办规〔2018〕23号
东部地区	北京	《北京市加快医药健康协同创新行动计划（2021—2023年）》	2021-07-08	北京市人民政府办公厅	京政办发〔2021〕12号
	上海	《关于促进本市生物医药产业高质量发展的若干意见》	2021-04-20	上海市人民政府办公厅	沪府办规〔2021〕5号
		《上海市中医药发展"十四五"规划》	2021-11-29	上海市卫生健康委、市中医药管理局	沪卫中发〔2021〕22号
	天津	《天津市生物医药产业发展三年行动计划（2018—2020年）》	2018-10-22	天津市人民政府办公厅	津政办发〔2018〕41号
	山东	《关于贯彻落实国家中医药发展战略规划纲要（2016—2030年）的实施方案》	2017-03-30	山东省人民政府办公厅	鲁政发〔2017〕9号
	江苏	《关于推动生物医药产业高质量发展的意见》	2018-12-01	江苏人民政府	苏政发〔2018〕144号
	浙江	《促进生物医药产业高质量发展行动方案（2022—2024年）》	2022-06-16	浙江省人民政府办公厅	浙政办发〔2022〕39号
		《浙江省中医药发展"十四五"规划》	2021-05-25	浙江省发改革委、省经济和信息化厅、省农业农村厅等	浙发改规划〔2021〕196号

续表

地区	省市	政策名称	发文时间	发文机构	发文字号
东部地区	福建	《福建省"十四五"中医药健康发展规划》	2022-04-27	福建省人民政府办公厅	闽政办[2022]26号
		《福建省加快生物医药产业高质量发展实施方案》	2022-04-19	福建省人民政府	闽政[2022]10号
	广东	《广东省发展生物医药与健康战略性支柱产业集群行动计划（2021—2025年）》	2020-09-25	广东省科学技术厅、省发改委、省工业和信息化厅等	粤科社字[2020]218号
中部地区	河南	《河南省"十四五"中医药发展规划》	2022-09-02	河南省人民政府办公厅	豫政办[2022]85号
	江西	《江西省"十四五"医药产业高质量发展规划》	2021-09-30	江西省工业和信息化厅	赣工信医药字[2021]214号
		《江西省"十四五"中医药发展规划》	2021-09-30	江西省政府办公厅	赣府厅发[2021]24号
	湖南	《湖南省医药行业"十三五"发展规划》	2016-06-15	湖南省经济和信息化委员会	湘经信消费品[2016]291号
西部地区	广西	《广西生物医药产业跨越发展实施方案》	2019-08-22	广西壮族自治区工业和信息化厅	桂工信食药[2019]434号
	重庆	《重庆市加快生物医药产业发展若干措施》	2022-03-01	重庆市人民政府办公厅	渝府办[2022]12号
	四川	《四川省"十四五"中医药高质量发展规划》	2021-12-15	四川省人民政府办公厅	川办发[2021]78号
	云南	《云南省"十四五"中医药发展规划》	2022-09-02	云南省人民政府办公厅	云政办发[2022]78号
		《云南"十四五"生物医药产业创新发展规划》	2022-03-17	云南省人民政府办公厅	云政办发[2022]16号
	陕西	《关于促进医药产业健康发展的实施意见》	2017-10-13	陕西省人民政府办公厅	陕政办发[2017]88号
		《陕西省中医药发展战略规划（2017—2030年）》	2017-04-05	陕西省人民政府	陕政发[2017]15号
	甘肃	《甘肃省"十四五"生物医药产业发展规划》	2022-07-15	甘肃省人民政府	甘政发[2022]44号

附表3　　　　　　　　中国高铁技术创新子系统典型例证

要素	进入阶段	跟踪阶段	加速阶段	开拓阶段
高速机车车辆	● 研制了"白鲨""先驱者""蓝箭""中国之星"等13种准高速车辆原型车。	● 2006年10月，学习和适应先进技术的中国第一代动车组CRH1A、CRH2A、CRH3C、CRH5A被命名"和谐号"。 ● 2008年8月1日，改造程度最高的CRH2C列车在京津城际铁路上投入运行。	● CRH380系列是中国第二代自主技术动车组，是中国在技术采办平台上集成创新的代表产品。	● 2017年9月21日，第三代动车组"复兴号"动车组在京沪高铁上以350公里/小时的速度运行。 ● 复兴号动车组是世界上最快的商用轮式列车。
高铁线路	● 2002年6月16日，秦深客运专线由中国企业独立建成，这是中国第一条设计时速250公里的客运专线。	● 2004年1月，中央批准了中长期铁路网规划，这是中国第一个铁路线路规划。	● 2008年8月1日，中国第一条设计时速350公里的京津城际铁路正式通车。	● 2016年，中国高铁里程超过2万公里。 ● 中国高铁几乎穿越了中国所有类型的气候和环境。
信号和通信	● 中国通号完成了国内首个程控交换通信工程。 ● 中国通号于2000年从原铁道部分离出来。	● 中国通号参加了6次铁路提速，独立负责铁路通信号工程。	● 2015年8月7日，中国通号在香港联交所挂牌上市。	● 中国通号自主开发了列车控制系统（CTCS3）来管理高铁。 ● 2018年6月，中国通号成功测试了全球首个350公里/小时自动驾驶系统。
桥梁和隧道	● 2000年，中国中铁、中国铁建、中国土木从原铁道部分离出来。 ● 2003年，中国土木工程建设有限公司并入中国铁建。	● 2007年12月3日和7日，中国中铁分别在上海和香港证券交易所上市。	● 2008年3月10日和13日，中国铁建分别在上海和香港证券交易所上市。	● 上海—苏州—南通长江大桥、五峰山大桥和平潭海峡铁路桥等中国项目打破了铁路桥梁建设的世界纪录。

续表

要素	进入阶段	跟踪阶段	加速阶段	开拓阶段
车站	• 2001年11月6日，中国火车站中投资最大、技术最先进的北京西站正式开通。	• 自2006年以来，新铁路线上修建了200多个高铁站点，总建筑面积超过20万平方米。	• 截至2015年底，中国已建成340个高铁站点。	• 高铁站点已经覆盖了中国95%的百万以上人口城市。

资料来源：研究资料摘录

附表4　中国高铁价值创造子系统的典型例证

要素	进入阶段	跟踪阶段	加速阶段	开拓阶段
价值主张	• 中央政府提出，以满足客户的高速需求。 • 2003年，原铁道部制定了实现中国铁路跨越式发展的目标。	• 2004年，原铁道部倡导高铁设备现代化。 • 2004年，中央政府确立了"收购先进技术，共同设计生产，打造中国品牌"的技术收购总方针。	• 2006年，中央政府提出中国自主创新战略。 • 2008年，原铁道部与科技部签署《中国高铁车辆自主创新联合行动计划》协议。	• 2016年，中央修订中长期铁路网规划，规划期为2016—2025年，长期展望为2030年。 • 2019年，中央政府提出了建设交通强国的目标。
价值转移	• 各地铁路局各自选择合作伙伴，形成了独立的合作网络。	• 原铁道部为CRH2、CRH3和CRH5分别支付了约6亿元、约8亿元和9亿元的技术转让费。 • 中国南车和中国北车从国外获得了成熟的车辆技术平台。	• 用户、主体、互补者通过合作合同、联合项目、人员交流等多种合作渠道共享价值。 • 2011年，中国实施了"高铁外交"。	• 中国高铁创新生态系统中各合作伙伴创造的价值是在自由公正的情况下转移的。 • 价值转移的渠道、规模和种类更加丰富。中国高铁出口到超过15个国家。

资料来源：研究资料摘录

附表 5　　中国高铁创新生态环境的典型例证

要素	进入阶段	跟踪阶段	加速阶段	开拓阶段
竞争	• 2000 年以后，原铁道部建立了两层竞争机制。 • 国内车辆制造商自由竞争地方铁路局的订单，原铁道部通过指挥订单来平衡中国南车和中国北车的实力。	• 2004 年，原铁道部通过限制投标资格的方式，协调中国南车和中国北车之间的竞争。 • 2004 年，原铁道部掌握了技术收购谈判的决定性权力。	• 2015 年之前，中国南车与中国北车在国内高铁市场形成双寡头竞争。	• 从 2016 年开始，中国中车形成了纯粹的垄断竞争并在国外高铁市场取得了竞争优势。
合作	• 2000 年以前，铁路系统内有 30 家机车制造商、5 所研究院和 11 所大学密切合作。 • 2000 年原铁道部改革开始实施，中国南车和北车分别形成了相对固定的合作伙伴。	• 2004 年以后，中国高铁企业与大学和研究机构合作，解决本地化的研发和工程问题。 • 2006 年，原铁道部对京津城际铁路进行了系统的技术招标，包括无砟轨道、轨道开关和供电系统。	• 2008 年至 2015 年，中国有 25 所高校、11 所研究机构、51 个国家重点实验室和工程中心参与了原铁道部和科技部的研发项目。	• 中国高铁建立了一个以中国中车为核心，大学和研究机构密切合作的庞大网络。

资料来源：研究资料摘录